일제침탈사 바로알기 23

근대 일본의 침략전쟁과 제노사이드

● 서민교 지음 ●

동북아역사재단
NORTHEAST ASIAN HISTORY FOUNDATION

발간사

　일본이 한국을 침탈한 지 100년이 지나고 한국이 일본의 지배로부터 벗어난 지 70년이 넘었건만, 식민 지배에 대한 청산은 이루어지지 못하고 있습니다. 일본의 독도영유권 주장은 도를 넘어섰습니다. 일본은 일본군'위안부', 강제동원 등 인적 수탈의 강제성도 인정하지 않고 있습니다. 일본군'위안부'와 강제동원의 피해를 해결하는 방안을 놓고 한·일 간의 갈등은 최고조에 이르고 있습니다. 역사문제를 벗어나 무역분쟁, 안보위기 등 현실문제가 위기국면을 맞고 있습니다.
　한·일 간의 갈등은 식민 지배의 역사를 어떻게 볼 것인가 하는 역사인식에서 기인합니다. 역사는 현재와 과거의 대화이며 이를 기반으로 미래로 나아갈 수 있습니다. 과거 침략의 역사를 미화하면서 평화로운 미래를 말하는 것은 불가능합니다. 식민 지배와 전쟁발발의 책임을 인정하지 않고 반성하지 않으면 다시 군국주의가 부활할 수 있고 전쟁이 일어날 위험성도 배제할 수 없습니다. 미래지향적 한일관계를 형성하고 나아가 동아시아의 평화와 번영의 기틀을 조성하기 위해 일본은 식민 지배의 책임을 인정하고 그 청산을 위해 노력해야 할 것입니다.
　식민 지배의 역사를 청산하기 위해서는 식민 지배는 어떻게 이루어졌는지 그 실상을 명확하게 규명하는 일이 긴요합니다. 그동안 일본제국주의에 맞서 조국의 독립을 위해 헌신한 독립운동가들의 활동을 찾아내고 역사적으로 평가하는 일에는 상당한 성과를 거두었습니다. 반면 일제 식민침탈의 구체적인 실상을 규명하는 일에는 충분한 노력을 기울이지 못했습니다. 제국주의가 식민지를 침탈했다는 것은 너무나 당연한 사실로 여겨졌기 때문에, 굳이 식민 지배에서 비롯된 수탈과 억압, 인권유린을 낱낱이 확인할 필요가 없었는지도 모릅니다. 그러는 사이 일본은 식민 지배가 오히려 한국에 은혜를 베푼 것이라고 미화하고, 참혹한 인권유린을 부인하는 역사부정의 인식을 보이는 데까지 이르고 있습니다. 일제의 통치와 침탈, 그리고 그 피해를 종합적으로 조사하고 편찬할 필요성이 여기에 있습니다.

일제침탈사를 체계적으로 정리하는 일은 개인이 감당하기 어렵습니다. 이에 우리 재단은 한국학계의 힘을 모아 일제침탈사 편찬위원회를 꾸렸습니다. 편찬위원회가 중심이 되어 일제의 식민지 침탈사를 정치·경제·사회·문화 모든 방면에 걸쳐 체계적으로 집대성하기로 했습니다. 일제 식민침탈의 실체를 파악하기 위해 2020년부터 세 가지 방면으로 사업을 추진하고 있습니다. 하나는 일제침탈의 실상을 구체적이고 생생한 자료를 통해서 제공하는 일로서 〈일제침탈사 자료총서〉로 편찬합니다. 다른 하나는 이들 자료들을 바탕으로 연구한 결과물을 〈일제침탈사 연구총서〉로 간행합니다. 그리고 연구의 결과를 대중들이 이해하기 쉽게 〈일제침탈사 교양총서〉를 '바로알기' 시리즈로 간행합니다. '바로알기' 시리즈는 우리 중학교, 고등학교 학생들도 어렵지 않게 읽을 수 있도록 제작했습니다. 오랫동안 학계에서 공부해 온 전문가 선생님들이 일제 침탈과 관련된 다양한 주제를 집필 해 주셨습니다. 이해하기 쉽도록 해당 주제를 사안별로 나눠 집필해서 가독성을 높였고, 사진과 도표로 충분히 곁들였습니다. '바로알기' 시리즈를 통해 많은 시민과 학생들이 제국주의 일본의 한반도 침탈과 그로인한 피해 실상을 바로 알 수 있게 되기를 바랍니다.

2023년
동북아역사재단 이사장

책머리에

　근대 일본의 역사는 한편으로 보면 아시아에서 유일하게 제국주의 국가로 발돋움한 뒤 동아시아를 침략해 나간 역사였다고 정의할 수 있다. 제국주의 일본에 의해서 자행된 근대 동아시아 침략전쟁의 역사를 돌이켜보면, 1874년의 타이완 침공, 이듬해 1875년의 강화도 사건이 그 시작이었다. 그리고 본격적인 근대 일본의 침략전쟁은 1894년 청일전쟁에서 비롯되었다. 이 책에서는 1894년 청일전쟁부터 1945년 아시아·태평양전쟁에서 패전을 맞이하기까지 제국주의 일본이 침략전쟁 중에 자행했던 집단 살해 사건을 제노사이드(genocide)의 관점에서 조명하고자 한다.
　제노사이드란 민족·종족·인종을 의미하는 '제노스(genos)'와 살인을 의미하는 '사이드(cide)'의 합성어로 고의 혹은 제도적으로 어떤 민족·종족·인종·종교 집단의 전체나 일부를 파괴하는 '집단학살' 범죄를 가리키는 개념이다. 근대 일본은 침략전쟁이라는 인류 역사의 비극 속에서 무고한 민간인을 포함한 수많은 생명을 살해하는 제노사이드를 자행했던 것이다. 이 책에서는 근대 동아시아 전쟁사에서 일본군이 자행한 제노사이드 문제를 분석 대상으로 했다.
　일본 군대에 의해 자행된 최초의 제노사이드 사건은 중국 뤼순 학살 사건이라고 할 수 있다. 이후 청일전쟁 당시 동학농민군 등 민간인에게 국제법을 무시한 채 무자비하게 행한 전시 폭력, 그리고 일제강점기 일본 군대의 후기 의병 탄압과 간도 조선인 대학살 사건도 모두 제노사이드라는 관점에서 고찰할 필요가 있다. 여기서 주목해야 할 점은 이러한 제국주의 일본의 집단살해가 타국 국민에 한정되지 않았다는 사실이다. 일본은 자국민조차도 집단 살해의 대상으로 삼았던 역사를 지니고 있다. 전쟁 말기 오키나와와 이오지마에서 행해진 집단 살해 행위는 지금까지도 아픈 기억으로 남아 현실의 우리가 역사적 사실을 바로 보아야 할 필요성을 느끼게 한다.

   전쟁을 빙자한 국가 폭력인 제노사이드 문제는 제2차 세계대전 이후에도 전쟁의 유무와 상관없이 나타나고 있다. 오늘날까지 이러한 현상이 끊이지 않는 이유는 과연 무엇일까? 전쟁의 역사에서 얻어야 할 교훈은 무엇일까? 우리는 근대 침략전쟁이 낳은 역사적 비극에 대해 올바로 인식하고, 이러한 비극이 다시는 반복되지 않도록 역사적 교훈으로 삼아야 한다.

2023년 12월
서민교

목차

발간사 • 2
책머리에 • 5

들어가며 • 9

1. 제노사이드란 무엇인가 • 12

2. 1890년대 청일전쟁 시기 일본 군대와 제노사이드 • 14
    중국 뤼순 학살 사건 • 14
    동학농민군에 대한 일본군의 살육을 어떻게 볼 것인가 • 17

3. 일제강점기 일본 군대의 조선인에 대한 제노사이드 • 23
    후기 의병(1907~1910) 탄압과 제노사이드 • 23
    간도 조선인 대학살 사건, 1920년 경신참변(간도참변) • 28

4. 1937년 중일전쟁과 난징 대학살 사건 • 35

5. 아시아·태평양전쟁(1941~1945)과 일본 국민에 대한 제노사이드 • 48
    오키나와전투, 일본 국민에 대한 제노사이드 • 53
    이오지마전투, 일본 군인에 대한 제노사이드 • 57

6. 제2차 세계대전 시기 일본 군대의 실태와 문제점 • 60

나가며 • 63

미주 • 66
참고문헌 • 72
찾아보기 • 76

....
들어가며

    2022년 2월에 발생한 러시아의 우크라이나 침공 사태를 어떻게 이해해야 할까? 러시아의 우크라이나 침략전쟁은 현재 진행형으로 그 끝이 어떻게 매듭지어질지는 아무도 모르는 일이다. 또 2023년 10월에는 해묵은 이스라엘과 팔레스타인 분쟁이 다시 재연되어 이스라엘군의 가자지구 침공으로 인해 민간인 피해자 문제가 새롭게 주목을 받고 있다. 전쟁은 왜 끊임없이 일어나는 것인지 참으로 참담한 마음을 금할 수 없다.

    이 책에서는 이러한 무모한 전쟁에서 전쟁과는 무관한 민간인의 피해 문제, 즉 제노사이드(집단 살해)가 자행될 우려가 있다는 점을 지적하고 싶다.

    우리에게는 1980년 광주민주화운동에 대한 기억이 있다. 누구에게는 과거의 사건으로 기억되고, 또 누군가에게는 현재 진행형으로 기억되는 슬픔과 고통의 역사이다.

〈자료 1〉 광주민주화운동 당시 연행되는 시민들

_Encarta Encyclopedia, CORBIS-BETTMANN

　나는 동시대인으로서 1979년 '부마민주항쟁'[1]과 더불어 1980년 '광주민주화운동'을 경험하면서 국가의 군대(국군)가 자국민을 학살하는 믿을 수 없는 경험을 하게 되었다. 그리고, 도대체 이러한 사태가 어디에서 기인하며 어떻게 설명할 수 있을까를 두고 깊고 깊은 고민에 빠지게 되었다. 이것은 단지 당시 한국 군대만의 특수한 문제였는가? 아니면 근대 군대의 속성이기도 한 것인가? 하는 대답이 없는 의문에 대해 계속 고민하면서 대학 생활을 보낸 기억이 아직도 선명하게 남아 있다.

　개인적인 이야기지만 대학을 거쳐 대학원에 진학하고 근대사를 공부하게 되는 과정에서, 특히 한국 군대의 뿌리를 살펴보는 과정에서 한국 군대가 근대 일본 군대에서 비롯된 점이 많았다는 역사적인 사실을 알게 되었다. 그래서 근대 일본의 군대에 대한 연구에 관심을 가지게 되었고, 그중에서도 '일본의 군대와 식민지'라는 화두(話頭)를 끌어안고 지금까지 근대사 연구라는 명분으로 이를 풀기 위해 버둥거리고 있다.

전쟁과 제노사이드 문제를 이해하기 위해서 먼저 제노사이드에 대해서 간단하게 살펴보자.

1
제노사이드란 무엇인가

제노사이드(genocide)[2]란 민족, 종족, 인종을 의미하는 '제노스(genos)'와 살인을 의미하는 '사이드(cide)'의 합성어로서, 고의 혹은 제도적으로 어떤 민족, 종족, 인종, 종교 집단의 전체나 일부를 파괴하는 집단 학살 범죄를 가리키는 개념이다.[3]

이 용어는 원래부터 있던 것이 아니라, 1944년 유대계 폴란드인 법률가인 라파엘 렘킨(Raphael Lemkin)이 만들어낸 조어(造語)이다. 이것은 특정한 인종, 민족, 국가, 종교 등의 구성원에 대한 말살 행위를 가리킨다. 특정한 집단 등에 대한 말살 행위를 의미하면서도 반드시 물리적인 전체 살육만을 의미하는 것은 아니다. 렘킨은 "국민적 집단의 멸절을 목표로 해당 집단에게 필요불가결한 생활 기반의 파괴를 목적으로 하는 다양한 행위를 통괄하는 계획"을 가리키는 용어로서 '제노사이드'라는 신조어를 만들었던 것이다.[4]

이 책에서는 20세기에 접어드는 시점부터 발생한 근대 동아시아의 전쟁 중에 일본과 관련된 것을 추출하여, 그 속에서 나타나는 **전쟁과는 무관한 민간인을 대상으로 하는, 혹은 전쟁과 유관한 군인, 군속까지도 포함하는 '집단 살해'라는 개념**에 입각하여 20세기 동아시아 전쟁사의 제노사이드 문제에 접근해 보고자 한다.

2
1890년대 청일전쟁 시기 일본 군대와 제노사이드

중국 뤼순 학살 사건[5]

이 사건은 청일전쟁 당시인 1894년 11월 21일부터 며칠간에 걸쳐 일본군이 랴오둥반도의 끝자락에 위치한 뤼순(旅順) 공략 전투 중에 시내와 근교에서 자행한 중국 군인 및 민간인 학살 사건이다.

이 사건은 당시 뤼순에 주재하던 외신기자들의 보도로 알려졌다. 이 기자들은 당시 일본군 제2군 종군기자로 취재를 하고 있던 『타임스(The Times)』의 특파원 토머스 카원(Tomas Cowan), 『뉴욕 월드(New York World)』의 제임스 크릴먼(James Creelman), 『스탠더드(The Standard)』의 프레더릭 빌리어스(Frederic Villiers) 등이었다.

실제 사상자 숫자에 대해서는 여러 가지 설이 존재한다. 극단적으로는 학살은 없었다는 일본 정부의 주장에 동조하는 설도 존재한다. 하지만

〈자료 2〉 1894년 11월 21일 뤼순 시내를 점령하는 일본군. 당시 일본 신문에 보도된 그림

학살은 엄연한 역사적 사실이다.

사상자 수에 대한 중국 정부의 공식적인 주장은 '1만 8,000명'이지만, 신문 보도나 개인의 저서 및 보고서에 의하면 200~2,000명으로 나타나며, 일본 학계의 연구에서는 최소 200여 명에서 최대 6,000명 정도로 보고 있다.

그런데 문제는 희생자의 숫자가 아니라 사건의 본질에 대한 극단적인 견해 차이가 존재한다는 것이다. 이 사건이 서양 세계에 대대적으로 보도되었음에도 불구하고 당시 일본 정부는 학살을 부정하는 대응 방식을 취했다. 일본이 서양 열강들과 불평등조약 해소를 위해 안간힘을 쓰고 있

〈자료 3〉 당시 서양 신문에 소개된 뤼순 학살을 자행하는 일본군 그림

던 시기라서 조약 개정 움직임에 부정적인 영향을 끼치는 것을 막기 위한 조치였다고 한다.

하지만 역사적으로 이 사건은 근대 동아시아 전쟁사에서 일본 군대에 의해 자행된 최초의 제노사이드 사건이라고 할 수 있다. 더 큰 문제는 이러한 전쟁과 제노사이드 문제가 일본에 의해서 자행된 동아시아 근대 전쟁에서 명확히 '제노사이드'라는 의미로 파악되지도 않았으며 아무도 책임을 지지 않는 전례를 만들어 내었다는 점에 있다. 그리고 1937년 중일전쟁에서 발생한 난징(南京) 대학살 사건의 씨앗이 이미 이 사건에서 뿌려졌다고도 볼 수 있다.

이와 같이 침략전쟁이 불러일으킨 학살 사건은 이후 계속 반복되고 증폭되어 동아시아의 제노사이드라고 하는 역사적 참극을 초래하는 씨앗이 되었다는 점을 다시 한번 강조하고 싶다.

동학농민군에 대한 일본군의 살육을 어떻게 볼 것인가

한국근대사에서는 간혹 청일전쟁과 동학농민운동은 별개의 사건이라고 취급하는 경향이 아직 있다고 생각한다. 하지만 1894년 조선과 중국의 랴오둥(遼東)반도를 무대로 전개된 청일전쟁과 동학농민운동은 동전의 양면을 이루는 동일한 역사적 사건이라는 점을 간과해서는 안된다.

그동안 한국과 일본에서 청일전쟁과 동학농민운동에 대한 수많은 연구가 있어 왔지만, 그중에서도 2013년에 일본에서 간행되어 한국어로도 번역된 『또 하나의 청일전쟁: 동학농민전쟁과 일본』[6]이라는 책에 대해서 간단히 언급해보려 한다.

일본에서 출판된 이 책의 내용적 특징을 다소 자극적으로 강조하고 있는 문구를 인용해보면 다음과 같다.

새로운 사료(史料)와 사실(事實)의 발굴에 의해 **청일전쟁 당시 조선반도에서 자행된 일본군의 학살 작전의 전모를 밝힌다!** 청일전쟁에서 최대의 '전사자'가 나왔던 것은 승리한 일본도 아니고 패배한 중국도 아니라 (직접) 교전국도 아닌 조선이었다. 어떻게 조선에서 3만~5만이라는 최대의 전사자가 나왔던 것일까?

청일전쟁에서 최대의 '전사자'가 나왔던 나라는 일본도 청국도 아닌 조선이었다. **일본에서 끝내 감추어왔던 일본군 최초의 제노사이드 작전의**

〈자료 4〉 1894년에 봉기한 동학농민군 그림

역사적 사실을 한일 공동연구에 근거해 새로운 사료를 포함해서 생생하게 전달한다.

위에서 다소 자극적인 문구라고 했지만 '3만~5만'이라는 숫자는 거짓이 아닌 역사적인 사실이다. 청일전쟁 당시 일본도 중국도 아닌 조선의 사상자 숫자가 가장 많았으며 최근까지의 연구 성과를 보더라도 청일전쟁 시기에 희생된 조선인의 수는 3만 명을 넘는다고 보고 있다.

예를 들어 1894년 11월에 충남 공주 우금치전투에서는 약 1만여 명의 조선 농민군이 거의 전멸당하는 결정적인 패배를 당하게 된다. 이 전투의 양상에 대해서는 다양한 연구가 있지만, 대다수의 동학농민군이 제대로 된 무기를 소지하지 못했던 것에 비해서, 훈련을 잘 받고 근대적인 무기 장비를 갖춘 일본군과의 전투는 전투라기보다는 일방적인 살육전에 가까웠다고 할 수밖에 없을 것이다.

특히 당시 일본군 중앙부가 작성한 작전, 명령 문서 등을 참조하더라도 일본군에 의한 일방적인 살육극의 측면이 더욱더 부각되고 있다. 이것은 이른바 제노사이드 측면에서 일본군의 동학농민군 등에 대한 학살에 가까운 행위였다고 규정할 수 있을 것이다.[7] 앞으로도 청일전쟁 시기 동학농민군의 일방적인 희생에 대해서는 그 사망의 경위와 원인을 보다 면밀하고 제노사이드적인 시각에서 연구할 필요가 있다고 생각한다.

1890년대에 들어가면서 일본은 이전부터의 군비 확장 정책을 적극적으로 진행하는 한편에서 조선을 '이익선'으로 확보해야 한다는 정치 지도자 간의 이해관계가 일치되는 특징이 나타나면서 조선은 독립 유지가 불가능한 국가라는 평가가 주류를 이루게 되었다.[8]

한편 일본 초기 의회에서의 정부와 민당(民黨)[9]의 대립은 국가 통합이라는 일본 국내 정치 과제를 위협하는 수준으로 전개되었다. 이러한 시기에 조선에서 발생한 갑오농민봉기는 일본이 내정의 위기 상황을 전쟁을 통해 극복할 수 있는 절호의 기회를 부여한 셈이 되었다.

여하튼 일본은 조선에서 청국의 세력을 축출하고, 내정 개혁을 통해 조선을 단독으로 보호국화하겠다는 정책을 확정 짓게 되었다. 이것이 결국 청일전쟁으로 분출되었던 것은 두말할 필요가 없다.

또 다른 측면을 한 가지 덧붙이고 싶다. 1894년에 발생한 청일전쟁은 1868년 메이지유신에 의한 근대 일본 국가가 성립된 이후 벌어진 최초의 공식적인 대외 전쟁이었다. 그런데 조선에서 청국을 배제하고 일본의 영향력을 확대하기 위해 1885년 이후 10년간 군비를 증가해왔던 일본 군대는 외형적으로는 근대적인 군대의 모습을 갖추고 있었지만, 근대적인 군대의 가장 기본적인 측면인 병참(兵站)[10] 시스템은 근대적인 모습을 전혀 갖추고 있지 못했다는 점이다.

군인도 먹어야 전쟁을 할 수 있으니, 병사들의 식량 조달 문제는 병참의 기본 중 기본 사항이다. 그렇지만 청일전쟁 당시부터 그 이후로도 계속 이어지는 일본 군대의 고질적인 병폐의 하나는 근대적인 병참 시스템, 특히 식량 조달 시스템에 많은 결함이 있었다는 것이다.

예를 들어 근대 일본 군대의 병참 시스템에서 "현지급양(現地給養)의 원칙"이 있었다. 즉, 공급이 원활하지 못할 경우에는 전쟁을 하고 있는 현지에서 식량을 조달해서 해결하라는 것이었다. 그런데 전쟁터에서 침략군을 위해 식량을 구입한다는 것이 과연 정상적인 경제구조를 통해 가능한 일일까?

이러한 일본군의 병참 시스템은 1945년 일본이 패전에 이르기까지 지속되었으며, 일본 군대의 결함은 포로 학대나 학살 등의 제노사이드 문제와 깊이 연관되어 있다고 할 수 있다. 이 점에 대해서는 뒤에서 보다 자세히 설명할 것이다.

한편 당시 일본의 일부 지식인들은 청일전쟁에 대해서 문명국인 일본이 야만국 상태에서 벗어나지 못하는 조선을 구원하기 위해서 야만의 청국을 조선에서 배제시킨 문명의 의로운 전쟁이라고 선전하고 있었다.

예를 들어 당시 일본의 오피니언 리더이자 개명사상가였던 후쿠자와 유키치(福澤諭吉)[11]는 그가 경영하던 『지지신보(時事新報)』 1894년 7월 29일 자 지면의 「청일전쟁은 문명의 전쟁이다」라는 사설에서 "청일전쟁은 문명의

〈자료 5〉 메이지 시기 일본 개명사상가 후쿠자와 유키치

전쟁이며, (일본의 입장에서) 의로운 전쟁이다"라고 주장했다.

후쿠자와의 이러한 논리는 일본과 청국 중에 누가 진정 조선을 위한 나라인가?라고 반문하면서 조선을 개혁하고자 하는 국가와 이를 거절하는 국가라는 이분법적인 논리로 전환되면서 개화와 보수, 즉 문명과 야만의 대결이라는 논리로 변화하게 되었다.

이러한 일본의 논리에 따르면 청일전쟁은 '야만의 청국 지배하에서 야만의 경지에 머물고 있는 조선을 문명의 일본이 구원하려는 전쟁'이었다. 즉, '일본 군인들이 목숨을 바쳐 희생하면서 조선을 위해서 전쟁을 하고 있기 때문에, 조선에서는 쌍수를 들고 일본 군대를 환영하고 일본에게 협조하며 일본과 연합하여 청국과 전쟁을 벌이는 것'이라고 대내외적으로 선전을 하고 있었다.

그런데 동학농민군 등 조선 민중이 항일전쟁을 선언하고 들고일어났으니, 일본 정부나 일본 군대의 입장에서는 조선 민중의 항일 투쟁을 어떻게 대응해야 했을까?

　당시 일본의 군 중앙부는 조선에 파견했던 부대장에게 긴급 훈령을 내린다. 서양 세계에 소문이 나기 전에 '가능한 한 서둘러서 되도록 무자비하게 전부 살육해야 할 것'이라고. 그 결과가 당시 동학농민군에 대한 일본의 군사적 정책은 일방적이고 무자비한 살육전이었으며 제노사이드로 나타난 것이라고 할 수 있을 것이다.

　또 하나 그로부터 10년 뒤에 발생하는 러일전쟁과 청일전쟁을 비교하면, 일본은 러일전쟁에서 당시의 국제법, 즉 국제교전규칙을 준수해야 한다고 지나치게 강조했다. 파견군 각 부대 단위로 국제법학자를 종군시킬 정도였다. 이러한 측면은 거꾸로 청일전쟁에서는 일본군이 국제법을 얼마나 등한시했는지를 보여주는 반증이라고 할 수 있다. 즉, 청일전쟁에서 일본군이 특히 교전 상대국이 아닌 조선과 조선인에 대해서 국제법을 무시한 채 무자비한 전시 폭력이 횡행했던 점을 시사하고 있다고 볼 수 있다.

3
일제강점기 일본 군대의 조선인에 대한 제노사이드

후기 의병(1907~1910) 탄압과 제노사이드

구한말 의병 투쟁 중에서 1905년부터 시작된 을사의병 투쟁도 우리가 기억해야 할 항일 투쟁의 역사이지만, 1907년부터 본격화되는 정미의병 투쟁, 그중에서도 1907년에서 한국 병합이 이루어지는 1910년까지의 의병 투쟁이 후기 의병 투쟁의 핵심적인 부분이라고 할 수 있다.

물론 병합이 되었다고 해서 1910년에 의병 투쟁이 끝난 것은 아니다. 국내에서의 의병 투쟁은 1912년까지 간헐적으로 지속되었지만 병합 이후의 의병 투쟁에 대해서는 항일 독립전쟁으로 평가하는 것이 타당하다는 의견도 존재하고 있다.

한국근대사에서 후기 의병 투쟁에 대해서 항일 의병 전쟁이란 개념으로 호칭하는 경향이 있는데, '전쟁'은 일반적으로 널리 사용되는 개념이지

〈자료 6〉 정미의병

만 이 경우에는 조금 납득하기 어려운 측면도 있다고 생각한다.

일반적으로 '전쟁'이란 군사력을 사용하여 다양한 정치적 목적을 달성하려는 '행위' 혹은 군사력을 사용한 결과 발생하는 국가(國家) 간의 대립 상태를 의미한다. 물론 일반적으로 전쟁(War)은 병력에 의한 국가 간의 전쟁을 의미한다. 넓은 의미로는 내전이나 반란을 포함하는 경우도 있지만, 국가 간의 분쟁을 무력으로 해결하고자 하는 전쟁은 불법적인 수단으로 규정되어야 할 것이다.

다만 한국근대사에서 규정하는 '농민전쟁'이라든가 '의병전쟁'과 같은 개념 용어에 대해서는 다시 한번 심사숙고하여 그 개념을 재정립할 필요가 있다고 생각한다.

여기서 말하는 후기 의병 투쟁의 경우도 '전쟁'이란 개념으로 설명하게 되면 국가 간의 교전 상태로 인식되기 쉬운데, 과연 그렇게 된다면 일본

군대에 의한 '의병 탄압'이라는 개념과 서로 모순되는 것은 아닐까?

당시 한국인 학살의 진상에 대해서 기존 연구[12]에서는 "1907년 7월에서 1908년 8월까지 약 14개월간, 주한 일본군 수비대의 무력 탄압에 의한 의병, 한국인 사망자는 약 1만 2,000명에 달한다. 이에 비해 일본군 사망자는 겨우 70명에 지나지 않는다"라고 지적하고 있다. 물론 이 통계 자료는 일본군이 간행한 『조선폭도토벌지(朝鮮暴徒討伐誌)』[13]에 근거하고 있다. 조선에 있던 일본군이 한국 병합 이후에 편찬한 이 책은 그 통계표 등의 근거 수치에 대해 일본군의 피해 사실을 극도로 축소 은폐하고 있는 자료라는 점에서 이미 많은 비판을 받고 있다. 그렇다고 해서 한국인의 피해 사실이 지나치게 과장되었다고는 할 수 없다. 하지만 1만 2,000명 대 70명이란 수치를 살펴볼 때 과연 이것을 전쟁이었다고 설명할 수 있을까? 이것은 일방적인 학살로 보는 것이 더욱 타당할 것이다.

그리고 다음 자료의 통계 수치를 좀 더 자세히 살펴보면, 의병 및 한국인 사망자가 1만 2,000명인 데 비해서 부상자는 약 3,000명이며 포로는 더욱 적은 약 900명으로 집계되어 있다.[14] 즉, 의병을 비롯한 한국인 전체 1만 6,000명 중에 사망자가 약 75퍼센트, 중경상자가 19퍼센트, 투항자가 약 6퍼센트라는 통계가 나온다. 이러한 통계 수치는 도대체 전투 혹은 전쟁에 있어서 어떠한 사실을 보여주는 것일까?

근대의 전쟁사 연구에서 일반적으로 지적하는 통계의 핵심적인 내용 전투 혹은 전쟁에 임하는 어떤 군대의 전술단위(戰術單位, 사단일 수도 있고 여단이나 연대 단위일 수도 있음)의 전력을 100퍼센트로 봤을 때 어느 정도의 손상(損傷)이 발생하면 전투 능력을 상실하고 전투 행위를 수행할 수 없을까? 이 문제의 정답은 약 30퍼센트이다. 전체 전력의 약 30퍼센트가 손상되면 더 이

구분	후기 의병 투쟁 통계 (1907. 7.~1908. 8.)	일반적인 전투의 통계
사망	1만 2,000명(75%)	10%
중경상	3,000명(19%)	20%
전투 능력 상실로 인한 투항 및 포로	900명(6%)	70%
전체	1만 6,000명(100%)	100%

상 전투를 수행할 능력을 상실하게 된다. 따라서 나머지 70퍼센트의 병력은 항복을 선택하는 것이 전쟁사에서 증명된 통계이다.

즉, 전체 전력 100퍼센트 중에 사망 10퍼센트/중경상 20퍼센트, 즉 30퍼센트가 손상되면 나머지 전력 70퍼센트로는 전투 수행이 불가능해지니 항복해서 포로가 되거나 전쟁터를 벗어나 도망가는 수밖에 없다는 결론에 도달하게 된다. 죽지는 않았다고 하더라도, 팔이나 다리를 하나라도 제대로 쓸 수 없게 되었을 경우에는 뛰어다니는 등의 운동능력을 상실하는 것과 똑같다.

표의 두 통계 비율은 정반대이다. 이 통계 결과는 무엇을 의미하는 것일까? 이것은 일방적이고 무자비한 학살이 자행되었다는 것을 의미한다. 즉, 부상자나 투항자들에 대해서도 무참한 살육이 자행되었다고밖에 설명할 수 없는 통계이다.

당시 조선의 상황을 목도하고 『조선의 비극(The Tragedy of Korea)』을 저술했던 영국 기자 프레더릭 A. 매켄지(Frederick Arthur MacKenzie)는 "많은 전투에서 일본군은 부상자나 투항자 모두를 조직적으로 살육했다"라고 서술하고 있다.[15]

조선에서 의병 탄압을 했던 일본군 장교가 남긴 기록에도 투항한 의병

〈자료 7〉 F. A. 매켄지와 그가 쓴 『조선의 비극』 표지

포로 등에 대한 학살이 자행되었다는 점을 시인하고 있다. 자, 그럼 이것은 전쟁이었을까? 아니면 일방적인 학살이었을까?

  나는 전투가 있었고 일방적인 학살도 자행되었다고 판단하고 있다. 그리고 이러한 후기 의병 투쟁기에 일본군의 의병 탄압 과정에서 제노사이드가 발생하였다는 점을 지적하고 싶다. 즉, 전쟁과 제노사이드의 상관관계가 다시 한번 수면 위로 떠오르는 순간이었다.

간도 조선인 대학살 사건, 1920년 경신참변(간도참변)[16]

1920년 경신년에 일본군이 만주를 침공해 간도 지역에 거주하던 조선인을 대량으로 학살한 사건을 경신참변, 혹은 간도참변이라고 부른다. 일본에서는 이 사건의 역사적 의미를 애매하게 하려는 의도에서 일반적으로 '1920년 간도사건'이라고 부르고 있다.

1920년은 한국독립운동사에서는 독립전쟁의 원년이라고 부를 만큼 기념비적인 한 해로 기억되고 있다. 즉, 1920년은 청산리전투 등 일제강점기 항일 무장 독립운동의 역사에서 한국독립군이 일본군과 정면충돌하여 큰 승리를 거둔 해로 인구에 회자되고 있다. 그렇지만 또 한편으로는 한국인의 항일 무장 독립운동에 대하여 일제 당국의 폭력적 대응이 더욱더 고조되는 시기가 바로 1920년이기도 했다. 간도 대학살 사건은 1920년에 일어난 사건이지만 이 사건의 전체적인 배경을 이해하기 위해서는 전후 시기 국제관계의 변화를 먼저 살펴봐야 한다.

우리는 일반적으로 1919년은 기미년 3·1 독립운동의 해로, 1920년은 '청산리대첩'을 거둔 독립운동의 기념비적인 해로 알고 있다. 그렇지만 이러한 일련의 사건들은 '동아시아 지역에서의 제1차 세계대전'과 밀접하게 관련 되어 있다는 점을 간과해서는 안 된다.

일반적으로 제1차 세계대전이라고 하면 1914년에 발생하여 1918년에 끝난 유럽에서의 전쟁이라고 인식하기 쉽지만, 이 전쟁이 유럽대전이 아니라 세계대전이라고 불리게 된 것은 전쟁터가 유럽 대륙에 국한되지 않고 아시아, 태평양 지역에서도 유럽과 연동하여 전쟁이 발생했기 때문이다. 특히 동아시아 지역에서의 제1차 세계대전은 일본의 독무대였고, 일본은 이 시기에 중국을 침공하여 독점적인 지위를 확보하려

〈자료 8〉 일본군이 시베리아 출병(러시아혁명 간섭 전쟁) 당시 발행한 대국민 선전용 화보

고 했다.[17] 그리고 또 하나 기억해야 할 것은 유럽에서는 제1차 세계대전이 1918년에 끝났을지 몰라도 동아시아에서는 그렇지 않았다는 사실이다.

제1차 세계대전이 한창이던 1917년에 러시아에서는 두 차례의 혁명이 일어나 전제군주국이었던 러시아제국이 무너지고 세계 최초의 사회주의 국가인 소비에트연방공화국(소련)이 탄생하게 된다. 이후 러시아에서는 제정 러시아를 지지하는 백군(白軍)과 소비에트공화국을 지지하는 적군(赤軍)으로 나뉘어 1922년에 이르기까지 내전을 치르게 된다.

독자들이 체코슬로바키아군단(軍團, 체코군단)[18]에 대해서 들어본 적이 있

3. 일제강점기 일본 군대의 조선인에 대한 제노사이드 · **29**

는지 모르겠다. 혁명으로 인해 혼란에 빠져 있던 러시아에 고립된 상태였던 체코군단을 구출한다는 명목으로 미국, 영국, 일본 등의 연합국은 이른바 '시베리아 출병(러시아혁명 간섭 전쟁)'[19]을 단행하게 된다. 물론 지정학적인 여러 가지 문제점도 있었지만, '시베리아 출병'의 실질적인 주체 세력은 다름 아닌 일본이었다. 즉, 일본에게 제1차 세계대전은 1914년에 시작되어 1918년에 끝난 전쟁이 아니라 1914~1922년까지 8년간에 걸쳐 일어난 전쟁이었고, 또 한편으로 일본의 제1차 세계대전은 한국독립운동사와도 밀접하게 관련되어 있었다.

1918년 무오년부터 본격화되는 한국 독립운동의 열기는 1919년 기미년 3·1독립운동으로 연결되었으며, 상하이(上海)에서 대한민국임시정부가 수립되는 계기가 되었다. 이러한 기세는 1920년 경신년 무장 독립 투쟁으로 승화되어 독립운동의 열망이 최고조에 달하게 된다.

이러한 변화는 한국사만의 일국사적인 차원이 아니라 제1차 세계대전이라는 세계사적인 대사건과 연동되어 파악되어야 할 것이다. 이러한 전쟁의 연속선상에서 1920년 간도 대학살 사건[20]의 진상을 파악할 필요가 있다.

1920년 10월 청산리전투 이후 일본군은 만주의 간도 일대의 한인촌을 습격하여 대대적인 탄압과 학살을 자행하였다. 앞에서도 언급했듯이 이 시기는 일본의 '시베리아 출병'이 자행되던 시기인데, 일본군은 간도에 군대를 파견해 가능하다면 조선인이 다수 거주하던 간도 일대를 일본(조선총독부)의 통치 영역으로 끌어들이고 싶은 속내를 갖고 있었다.

일본은 훈춘(琿春)사건[21]을 핑계 삼아 외무성과 육군성 주도로 일본군 파병을 결정하고 10월 7일부터 간도 각 지역에 제19사단 예하의 병력을 투입하기 시작했다. 당시 일본 육군참모총장은 이 외에도 '시베리아 출병'에서 귀환 중이던 제14사단의 1개 보병여단을 추가로 파견했다. 일본군 약 1만 5,000명의 병력이 간도로 출동한 것이다. 이들 일본군은 훈춘을 점령하고 다수의 조선인과 중국인을 살육했다. 1920년 당시 훈춘을 포함한 간도의 인구는 조선인이 80퍼센트 이상을 점하고 있었다.

당시 간도의 조선인 피해 실상에 대해서는 먼저 일본 측 연구에 의하면, "제19사단은 마적뿐만이 아니라 오히려 마적보다도 '불령선인' 토벌에 더 주력하였다. '토벌'은 11월 말까지 실질적으로 종료되었지만 조선인 부락을 습격하는 등 철저하게 '화근을 일소'해야 한다며 잔혹하게 자행되었던 것은 의심의 여지가 없다. 이듬해 2월에 제19사단이 정리한 보고서에 의하면 사망자는 조선인 552명, 중국인 9명이었다"[22]라고 하면서도 이 통계가 너무 터무니없는 것을 잘 알고 있어서인지, "아마도 이 숫자는 지나치게 과소한 것일 것이다"라고 덧붙이고 있다. 조선군 제19사단은 사건이 일단락되면서 순차적으로 철수하기 시작해서 1921년 5월에 철수를 완료했다.

한편, 상하이 대한민국 임시정부 기관지였던 『독립신문』은 1920년 12월 19일 기사에서 자체 조사 자료에 근거해 학살당한 조선인이 2만 6,265명이며 민가가 3,208호, 학교 39개교, 교회 15개소, 곡물 5만 3,265석이 불탔다고 보도하고 있다.

그리고 또 다른 기록에 의하면 "일본은 훈춘사건을 빌미로 일본군을 대거 만주로 출병시켰다. 독립군이 일본군의 추격을 피해 산속 등으로 이동하자 일본군은 독립군의 근거지를 초토화시키는 작전을 감행했다. 3~4개월에 걸쳐 수많은 한인 마을을 불태우고 재산과 식량을 약탈했으며, 한인들을 보는 대로 학살했다. 10월 9일에서 11월 5일까지 27일간, 간도 일대에서 현재 확인된 학살 피해자만 해도 3,469명에 이른다"라고 했다. 그렇다면 그 후 3~4개월 동안 계속된 일본군의 학살로 희생당한 한국인의 수효는 이보다 훨씬 많았을 것이다.

이제 1920년 간도의 상황을 다시 한번 정리해 보자. 일본은 동아시아에서의 제1차 세계대전의 연장선상에서 1918년 러시아혁명 간섭 전쟁인 '시베리아 출병'을 단행한다. 1918~1922년에 걸쳐서 혁명의 혼란의 틈바구니에서 하다못해 연해주라도 일본의 영토로 집어삼키겠다는 속셈을 가지고서 말이다. 이 과정에서 연해주 한인 독립운동의 핵심 세력이 와해되다시피 한 것은 너무나도 아픈 역사적 사실이다.

또한 일본은 이와 연동하여 중국 만주의 간도 지역을 중심으로 그 열기가 고조되고 있던 한인 무장 독립 세력과 그 근거지를 일소하겠다는 계획을 세웠다. 그리고 간도의 일부를 조선총독부 영역으로 포함시키려는 속셈을 숨긴 채로, 1920년 10월 조선에 있던 제19사단 병력을 비롯한 일본군 병력을 만주의 간도로 침공시켰다.

그 과정에서 한인 무장 독립군이 크게 승리한 청산리전투라는 독립운동사의 영광의 순간도 있었다. 그렇지만 또 한편에서 일본은 무기를 들지 않은 조선인 농민을 대량으로 학살하고 조선인 마을과 식량을 불태우고 철저하게 파괴하는 잔혹한 행위를 저질렀다.

우리가 알고 있는 1937년 이후 중일전쟁 당시 일본군이 중국에서 자행한 '3광(光)작전(죽이고, 불태우고, 철저하게 파괴한다)'이 유명한데, 사실은 일본군의 이러한 '3광작전'의 효시는 바로 1920년 간도에서 일본 군대가 조선인에게 자행한 만행에서 찾아볼 수 있다.

그렇다면 일본군이 간도에서 자행했던 만행을 어떻게 정의하고 평가해야 할까? 선행 연구 중에 김주용은 경신참변(간도참변)을 제국주의 일본군의 대학살, 즉 제노사이드로 규정해야 한다면서 그 이유를 다음과 같이 지적하고 있다.

첫째, 제국주의 시대 정규군을 동원한 민간인 대학살이라는 점이다. 예컨대 일제 간도 침략군은 그들의 출병 목적이 한국 독립군 '토벌'이라고 했지만 정작 가장 많은 사망자는 일반 이주 농민들이었던 점을 들 수 있다.

둘째, (중략) 다시 말해 참변은 행위자의 '잔인성'과 피해자의 '참혹함'에 방점을 둔 용어이다. 반면 제노사이드는 행위자의 잔인성에 머물지 않고 행위 주체의 의도, 목적이 명확하다는 점, 즉 학살의 규정력에 방점을 두었다고 볼 수 있다. 따라서 경신참변 또는 간도참변을 제노사이드의 범주로 보아야만 이 사건의 실체가 더 선명하게 드러날 수 있다.

셋째, 일본 측 자료를 통해서 역설적으로 그들이 한인뿐만 아니라 중국인 민간인들을 군사행동으로 학살했다는 사실을 입증할 수 있기 때문이다."[23]

김주용의 지적에 전적으로 동감하는 바이다. 간도 대학살 사건은 제노사이드로 규정되어야 한다고 생각한다. 이 밖에도 향후에는 일본군의 1930년 간도 침공 사건, 중일전쟁 및 아시아·태평양전쟁 시기 일본의 식민지였던 만주에서 조선인으로 구성되어 만주와 중국을 무대로 활동했던 만군 특수부대인 간도특설대 등 군사 조직의 활동 내용에 대해서도 제노사이드 관점에서 검토할 필요가 있다고 본다.

이어서 다음으로는 중일전쟁기 최대의 제노사이드 사건인 난징 대학살 사건에 대해서 알아본다.

4
1937년 중일전쟁과 난징 대학살 사건[24]

　1933년 중국과 정전협정을 체결한 후에도 화베이(華北)에 진출할 기회를 엿보던 일본군은 1935년에 화베이 분리 공작에 착수하여 12월에 허베이성(河北省) 동부에 기동방공자치정부(冀東防共自治政府)를 수립하고 만리장성 이남으로 침략을 확대했다.

　이에 대해 중국에서는 베이징의 학생들에 의한 항의 운동을 시작으로 항일 구국 운동이 고양되는 가운데 1936년 12월의 시안사건(西安事件)을 계기로 국민당과 공산당이 내전을 중지하고 항일 운동에 매진하기로 합의하여 제2차 국공합작이 성립되었다.

　1937년 7월 7일 밤 베이징 교외의 루거우차오(盧溝橋) 부근에서 중·일 양군의 충돌 사건이 일어났다(루거우차오 사건). 7월 11일 베이징 현지에서는 일본군과 중국군 사이에 정전협정이 성립되었다. 그러나 사건 직후부터

〈자료 9〉 중일전쟁의 직접적인 발화점이 되었던 루거우차오(盧溝橋)

일본 정부인 고노에 후미마로(近衛文麿) 내각은 불확대 성명을 발표했지만 한편으로 화베이에 군대를 파병하여 현지에서 진행 중인 정전 교섭을 막기도 하는 등 일관성을 상실하고 있었다.

우선 만주와 조선 등에서 증파된 일본군은 7월 29일 베이징과 톈진(天津) 일대를 점령했고, 8월에는 상하이에서도 중·일 양국의 군대가 충돌했다(제2차 상하이사변). 이 사건을 계기로 일본은 4개 사단을 증파하면서 중일전쟁은 본격적인 전면 전쟁으로 돌입하게 되었다.

그런데 중일전쟁은 정말 기묘하고도 이상한 전쟁이었다고 하지 않을 수가 없다. 우선 중국과 일본 양국 정부가 상대 국가에 대해 선전포고도 하지 않고 일으킨 전쟁이었다는 점이다.

1937년 7월 7일에 우발적으로 발발하여 나중에 중일전쟁으로 불리게 되는 중일 간의 분쟁[25]에 대해 일본과 중국 쌍방의 전쟁 형태에 큰 영향을 준 것이 1937년 5월에 제정된 미국 중립법이었다.

국제교전법의 고전적인 중립국 조항에 의하면 중립의 개념이 요구하는 중립국의 의무 중 가장 중요한 것은 쌍방 교전국에 대한 '공평'의 원칙이었다. 즉, 교전국을 차별적으로 취급해서는 안 된다는 것이다. '공평'의 원칙에도 여러 가지 내용이 있지만, 특히 중립국은 교전국에 군사원조를 해서는 안 되며, 군수품을 매각해서도 안 된다는 등의 '회피 의무'가 있으며, 중립국은 교전국이 중립국의 영역을 군사적으로 이용하는 것을 실력으로 방지하지 않으면 안 된다는 '방지 의무' 등이 있다.

위에서 언급한 1935년 5월에 제정된 미국의 중립법은 구체적인 법률로서 교전국가 쌍방에 대한 ① 무기, 탄약, 군용기재의 수출 금지 ② 전쟁 상태의 인정에 대해 대통령의 재량 인정 ③ 교전국의 공채, 유가증권의 취급 금지, 교전국에 대한 자금, 신용 제공의 금지 ④ 물자, 원재료의 수출 제한 등 포괄적인 것이었다.

이것은 중립국인 미국이 중일전쟁의 전개 과정에 미국 중립법을 적용해 전쟁의 양상을 좌지우지할 수 있었다는 것을 의미한다. 흥미로운 것은 중국에 대해 일본이 선전포고를 할지의 가부에 대해 외무·육군·해군 3성(省)이 벌인 논의의 대부분이 미국 중립법 발동의 가능성 여부에 있었다는 것이다. 선전포고를 하는 경우 받을 수 있는 불이익의 첫 번째는 미국 중립법이 발동됨으로써 일본의 무역, 금융, 해운, 보험에 파급될 영향이 심대하다는 것이었다. 결론적으로 일본은 미국 중립법을 피하기 위해서 중국에 선전포고를 하지 않았고, 흥미로운 또 한 가지는 중국도 선전포고를 하지 않았다는 것이다. 즉, 국가 간의 전쟁이었던 1937년 중일전쟁은 교전국 쌍방이 상대방 국가에게 선전포고도 하지 않고 일어난 기묘한 전쟁이었다. 1930년대, 세계는 국가 간의 전쟁에서도 미국 등 강대국의 입김이 중립법을 통해 전쟁의 양상을 좌지우지할 수 있는 분위기로 변해가고 있었다는 점을 알 수 있다.

이해 일본 정부는 전쟁을 위한 예산을 책정하였고 나아가 전쟁을 지휘하는 대본영도 설치하여 본격적으로 전쟁에 돌입했다. 같은 해 9월에 중국에서 제2차 국공합작이 정식으로 성립되어 본격적인 항일 전쟁 준비에 들어가자 일본은 선전포고도 하지 않고 전면 전쟁에 돌입했던 것이다(중일전쟁). 그런데 이미 1938년 8월 13일부터 중국 상하이에서 중일 간 전면전이 발생했다(제2차 상하이사변).[26] 1932년의 제1차 상하이사변과는 달리 1937년 8월부터 시작된 제2차 상하이사변에서는 중국군이 전면전으로 대응하면서 일본이 육해군의 다수 정규사단과 함대를 투입했음에도 불구하고 상하이를 점령하는 데 3개월이라는 기간이 소요되었던 것이다.

당시 중국은 일본의 상대가 되지 못한다고 자부하고 있던 일본군의 입장에서 매우 당혹스러운 전쟁 전개 양상이었던 것이다. 겨우 상하이를 점령한 일본군은 중국 국민정부의 수도 난징으로 진격하였다.

중일전쟁이 본격적으로 진행되던 1937년 12월 일본 정부는 일본 국내의 호전적인 여론과 군부의 의견을 받아들여, 일본군은 장강(長江) 하류의 대도시이자 당시 중국의 수도였던 난징에 총공격을 개시했다. 당시 중국 국민정부의 수도인 난징을 공략하면 전쟁을 끝낼 수 있다고 생각했던 일본 군부(軍部)[27]는 일본군의 정예부대가 약 3개월에 걸친 상하이 공략전에서 소모되었음에도 불구하고 충분한 보급체계를 갖추지 못한 채 일거에 난징 공략전으로 돌입했다.

상하이 파견군과 중부중국방면군(中支那方面軍)으로 이루어진 약 20만의

〈자료 10〉 중일전쟁 당시 상하이를 점령하는 일본군

　일본군이 상하이에서 공격을 시작해 난징에 이르기까지 그 폭력행위는 극에 달했고, 12월 6일부터 난징의 성벽 공격을 개시하였다.

　한편 장제스의 국민정부는 이미 11월 20일에 충칭(重慶)으로 수도를 옮기기로 결정하고 12월 1일에 정부기관을 이전하기 시작했다. 12월 7일에는 장제스가 난징을 빠져나갔으며 그 외 난징 정부의 요인들도 비밀리에 탈출하여 난징은 이미 국민정부 수도로서의 기능을 상실하고 있었다. 당시 난징을 수비하던 중국군은 난징방위사령관 탕성즈(唐生智)가 지휘하는 보충병과 신병으로 이루어진 부대였다.

　1937년 12월 10일부터 12일에 걸쳐 격렬한 공방전이 전개되었으며 일본 해군 항공대가 공중폭격을 가하기도 했다. 결국 난징방위군은 철

수 명령을 내렸지만 그 명령체계가 매우 혼란스러웠기 때문에 다수의 군인들이 무기를 버리고 시민들과 같이 도망치는 상황이 전개되었다. 결국 난징은 12월 13일 새벽에 함락되었다. 그 이후부터 패잔병에 대한 소탕전이 전개되었는데 패잔병뿐만이 아니라 일반 시민들도 엄청난 희생을 치르게 되었던 것이다. 일본군은 수상하다고 생각되면 닥치는 대로 체포하여 살해하기를 반복했다. 12월 17일에는 마쓰이 이와네(松井石根) 사령관[28] 이하 일본군 지휘관들의 입성식(入城式)이 거행되었다.

일본은 중국의 수도인 난징이 함락되면 전쟁이 끝날 것이라고 내심 기대하고 있었다. 일본군은 처음부터 '난징에 일격(一擊)을 가하면 중국은 항복할 것'이라는 '일격론(一擊論)'을 내세우며 난징공략전을 전개했지만, 중국 정부는 일단 우한(武漢)으로 물러나 계속 저항했다. 일본군의 예상과는 전혀 다른 모습이었다.

그렇지만 일본군이 난징에서 저지른 약탈과 강간 등의 폭행은 이듬해인 1938년 1월 말까지 계속되었다. 일본군은 난징시 내외에서 포로·투항병을 비롯해 부녀자를 포함한 중국인 30만 명(?)을 살해하고 폭행, 약탈, 방화와 여성들에 대한 성폭행을 자행했다. 당시 일본군 지휘부에서는 병사들의 살인과 강간 등을 묵인했으며, 심지어 일본 본국의 군부 중앙부에서도 이를 묵인한 정황이 보인다. 예를 들면 당시 나카지마 게사고(中島今朝吾) 사단장은 12월 13일의 일기에 중국인을 포로로 삼지 않을 방침이었다고 밝히고 있고, 사사키(佐々木) 부대에서만 약 1만 5,000명을 '처리'했다고 기록하고 있다.

이러한 기록이 의미하는 바가 무엇일까? 앞에서도 여러 번 언급한 대로 일본군은 근대적인 병참 체제를 제대로 갖추지 못한, 병참 시스템에

〈자료 11〉 1937년 12월 난징을 점령하고 입성하는 마쓰이 일본군 사령관

결함을 가진 군대였다. 그리고 난징공략전에 나선 일본군 역시 제대로 된 병참 시스템을 갖추고 있지 않았다. 즉, 자기네 군인들에게 보급할 식량도 부족하니 불충분한 보급품을 현지에서 스스로 조달해야 했다. 당시 지옥으로 변해가던 난징에서 일본군이 현지 시장에서 돈을 주고 보급품을 구입했을까? 그리고 자기들의 병참도 부족한 일본군이 항복하는 중국군 포로들을 체포하여 국제법, 즉 국제 교전 수칙에 부응하는 대우를 했을까? 여기에는 중국과는 선전포고를 하지 않았으니 포로에 대한 대우를 국제법 기준으로 행하지 않아도 될 것이라고 여겼던 일본군 지휘부의 방심도 작용했을 것이다.

또 앞에서 말한 '중국인을 포로로 삼지 않을 방침'이었다는 나카지마 사단장의 발언은 자신의 의견이 아니라 일본군 중앙부에서 내려온 명령

〈자료 12〉 중국 난징에 세워진 난징 대학살 기념관

이었다. 앞에서도 언급한 바가 있지만, 포로로 삼지 않으면 투항한 중국 군인들을 어떻게 대우했다는 것일까? 그 대답은 위에서 언급한 나카지마 사단장의 일기에 적혀 있다. "**사사키**(佐々木) **부대에서만 약 1만 5,000명을 '처리'했다.**" 여기서 '처리'했다는 것은 곧 '학살'했다는 의미이다.

과연 패잔병인 중국 군인들만 '처리'했을까? 무기를 버리고 군복을 벗어버린 패잔병과 일반 민간인들은 구분이 되지 않는다. 따라서 무기를 들고 싸울 수 있는 연령의 중국인 남성들은 수상하면 무조건 학살했다고 해도 과언이 아닐 것이다.

전쟁포로나 민간인에 대한 학대나 학살은 명백한 국제법 위반으로 처벌받아야 하는 전쟁범죄이다. 특히 여성에 대한 성폭행과 살해 등 중일전쟁 당시 난징에서 일어난 일본군의 만행은 제노사이드라는 측면에서 재

검토되어야 할 것이다.

  이 사건은 일본 국내에는 일체 알려지지 않았고 도쿄, 나고야, 오사카 등에서는 '난징 함락'을 축하하기 위해 제등 행렬이 행해졌지만, 구미에서는 『뉴욕타임스(The New York Times)』에 의해 "포로 전원이 죽임을 당하다"라고 보도되어 국제적인 비난이 비등하게 되었다. 이듬해인 1938년 1월이 되자 '난징의 학살(Najing atrocities)'이란 제목으로 세계 각지에 보도되었으며 국제적인 비판에 직면하게 되었다.[29]

  제2차 세계대전이 끝난 후에 전쟁범죄에 대한 군사재판이 독일의 뉘른베르크와 일본의 도쿄에서만이 아니라 관련된 각 지역에서 열렸으며, 특히 도쿄에서 개최된 극동국제군사재판에서는 주로 A급 전범(戰犯)을 대상으로 재판을 진행했다. 도쿄재판에서 재판부는 "무방비가 된 도시를 점령한 후 '일본군은 무력한 시민에 대하여 소름 끼치는 잔학 행위, 대량 학살, 약탈, 방화를 장기간 실시'하였다. 일본 증인은 잔학행위를 부정했지만 여러 국적의 중립국 목격자에 의한 증언과 그 의심할 바 없는 신뢰성은 압도적이다. 잔악한 행위가 최고조에 달하고 있던 12월 17일에 난징에 입성한 마쓰이 사령관은 이러한 폭행을 알고 있었지만 이를 저지하는 대책을 취하지 않았다. 마쓰이 사령관에게는 사건의 책임이 있으며 일본군을 통제하고 난징 시민을 보호할 의무과 권한이 있었다"라고 하면서 의무 불이행에 따른 형사책임을 물었다.

  이 재판에서 난징공략전 당시 일본군 사령관이었던 마쓰이 이와네 전 육군 대장이 난징 대학살[30]의 책임자로서 사형에 처해졌으며, 난징 대학살 당시 외무대신이었던 히로타 코키(広田弘毅)도 대책을 강구하지 않았다는 책임을 물어 사형에 처해졌다.

〈자료 13〉 도쿄 극동국제군사재판에서 사형 판결을 받은 난징 대학살의 주역 마쓰이 사령관

　중일전쟁 시기 일본군에 의해서 자행된 난징 대학살 사건은 두말할 필요도 없이 20세기 동아시아 전쟁이 초래한 최대급의 제노사이드 사건이다. 이 사건의 진상은 전후 도쿄에서 열린 극동국제군사재판 법정에서도 자세히 심리되었으며, 당시 난징에 거주하고 있었던 선교사 등 외국인의 증언이 이루어져 그 실체가 확인되고 있다. 다만 학살자 수에 대해서는 도쿄재판 당시에는 20만 이상이 학살되었다고 인정되었으며, 중국 측에서는 약 30만 내지 그 이상이라고 주장하고 있다. 이에 비해서 일본의 진보적인 학자들은 '최소 7만에서 15만까지'로 추정하고 있지만, 최근에는 30만에 가까울 것이라고 보는 것이 타당하다는 의견이 우세하다. 그리고 보다 구체적인 진상에 대한 연구는 현재진행형이라고 할 수 있다.

최근까지 일본의 보수 우익 중에서 난징 대학살 자체를 부정하는 의견도 있지만, '난징 학살은 없었다'든가 '있었다고 하더라도 수가 그렇게 많지 않으며 민간인 희생자는 거의 없었다' 등의 주장은 실증적인 역사 연구에서는 인정될 수 없는 주장이다.

난징 대학살 사건 외에도 중일전쟁 당시 일본 군인에 의해 자행된 '100인 참수 경쟁'과 같은 사건은 이 전쟁 자체가 광기의 아수라장이었다는 것을 단적으로 보여준다.

〈자료 14〉는 당시 일본의 대신문사의 하나로 분류되던 『도쿄니치니치(東京日日)신문』 1937년 12월 13일 자에 실린 기사이다. 다음과 같은 제목으로 사진을 덧붙여 보도하고 있다.

> 백 명 참수(내기) 신기록 수립,
>
> 무카이(向井) 106명 – 105명 노다(野田)
>
> 양 소위는 연장전으로 나아감
>
> (사진 옆의 설명 제목) '백 명 참수 경쟁'을 하고 있는 두 장교
>
> (우) 노다 이와오(野田巖) 소위 (좌) 무카이 도시아키(向井敏明) 소위

이 사진이 찍힌 날짜는 1937년 12월 12일이고, 장소는 중국 장쑤성(江蘇省) 남부에 위치한 창저우(常州)라고 밝히고 있다.

아무리 전쟁 시기에 전쟁 관련 기사를 보도한다고 하더라도, 해로운 짐승도 아닌 사람을, 그것도 중국군 포로나 무고한 생명을 재판이나 국제법적인 절차도 없이 참수하는 경쟁을 한다는 것, 또 그것을 전국 일간지인 대신문사가 거의 실시간으로 보도하는 것은 인간의 상식으로는 도저

〈자료 14〉 '100인 참수' 경쟁을 벌였던 일본군 장교들. 당시 『도쿄니치니치신문』 기사

히 생각할 수 없는 잔학한 행위이다. 전쟁이 어떻게 사람을 사람이 아니게 만드는가를 단적으로 보여주는 자료라고 생각된다. 이러한 행위야말로 제노사이드의 전형이라고 하지 않을 수 없다. 참고로 위의 두 예비역 소위는 패전 이후 전범재판에서 위의 사진과 기사 등이 증거자료로 채택되어 사형에 처해졌다.

일본은 근대 침략전쟁에서 외국인들에 대해서만이 아니라 자국 군인들과 민간인들에 대해서도 제노사이드를 자행했다. 다음 장에서는 일본이 아시아·태평양전쟁에서 자행한 자국민에 대한 제노사이드 문제를 사례를 들어 살펴본다.

5
아시아·태평양전쟁(1941~1945)과 일본 국민에 대한 제노사이드

일본군이 침략해 발발한 전쟁으로 1941년 12월 8일에서 1945년 8월 15일까지 태평양, 동남아시아 지역으로 전장이 확대되고 미국, 영국, 네덜란드 등의 연합군과 벌인 전쟁을 태평양전쟁이라고 호칭하는 경우가 있다. 그렇지만 태평양전쟁이라고 부르면 1937년부터 계속되고 있었던 중국에 대한 침략전쟁인 중일전쟁의 의미가 희석될 우려가 있기에, 이 시기에도 계속되고 있었던 중일전쟁을 포함하여 아시아·태평양전쟁(1941~1945)이라고 부르는 것이 타당하다고 생각한다.

1941년 태평양과 동남아시아 지역으로 확전(擴戰)을 결정하기 직전에 일본 육해군의 중견 엘리트 참모장교들이 분석한 『일미국력조견표(日米國力調見表)』에 의하면, 일본과 미국 양국의 전체 국력의 차이는 일본을 100퍼센트로 볼 때 미국의 국력은 약 1,200퍼센트였다. 이것은 일본에게 유리하게 조사된 통계표라서 실질적인 전쟁을 위한 국력의 차이는 일본이 100일 경우 미국은 3,000정도였다고 할 수 있다. 한마디로 말해서 '무모한 전쟁'이었다고 할 수밖에 없다. 그런데 왜 이런 전쟁을 시작하게 되었던 것일까? 그리고 그런 무모한 전쟁을 시작할 수밖에 없었던 이유는 무엇이었을까?

1945년 11월 15일 일본의 전쟁지휘사령부에 해당하는 대본영(大本營) 정부연락회의에서 결정된 '대영미란(對英米蘭) 전쟁 종결 촉진에 관한 복안'이라는 문서가 있다.[31] 이 문서의 주요 내용은 다음과 같다.

1. 아시아에서의 미영의 근거지를 점령하여 중요 자원 지대, 교통로를 확보하고 장기전에 견딜 수 있는 자급자족경제권(Autarchy)을 건설한다.
2. 미 해군의 (태평양) 주력 함대를 유인하여 격멸한다.
3. 일독이(日獨伊) 삼국의 협력으로 최초로 영국을 굴복시켜 미국의 전의를 상실시킨다.
4. 모든 수단을 구사하여 중국의 장제스 정권을 굴복시킨다. 이상의 시책으로 가능한 한 유리한 조건으로 강화로 이끈다.

이 내용 중 1과 2는 하와이 진주만 기습 공격과 동남아시아 침공으로 현실적인 시나리오로 작성되어 있음을 알 수 있다. 하지만 3과 4를 보면 무척이나 비현실적인 방침이었던 것을 알 수 있다.

타력본원(他力本願)이라고나 할까? 즉, 일본의 입장에서 유럽 전선에서 독일이 승리함으로써 미국이 전쟁을 포기하는 시나리오라든지, 1937년부터 항복시키지도 못하는 중국을 굴복시키겠다는 허황된 시나리오를 배

<자료 15> 1942년 6월 당시 일본군의 최대 점령 지역을 표시한 지도

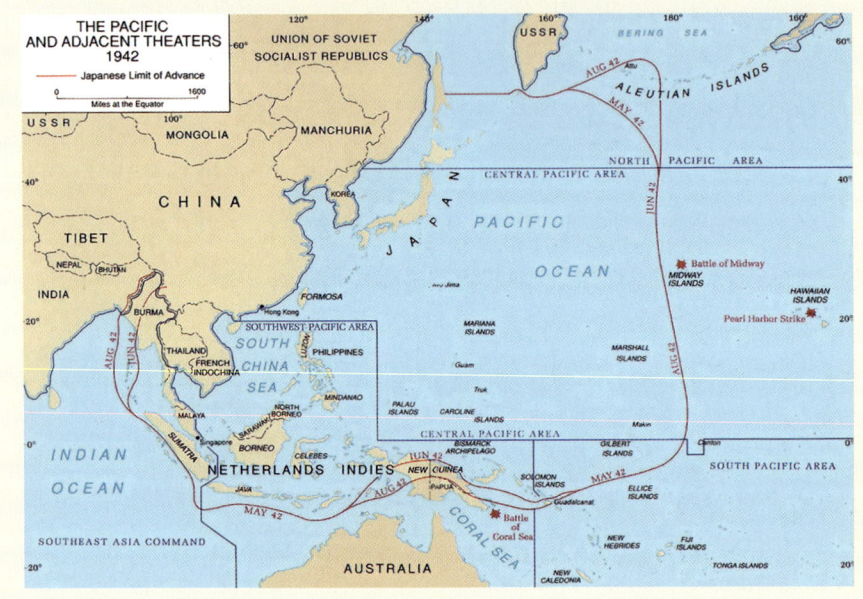

경으로 전쟁을 일으키고 유리하게 이끌겠다는, 아니 그렇게 되었으면 좋겠다는 응석과 기대로 가득 찬 실현 가능성 없는 정책을 기반으로 침략전쟁을 확대시켰던 것이다.

그렇다면 일본은 왜 1937년부터 벌였던 중일전쟁도 수습하지 못하면서 태평양과 동남아시아로 전선을 확대시키고 미국과 영국 등과 전쟁을 벌이는 무모한 선택을 했던 것일까?

일본군이 태평양과 동남아시아로 진격했던 근본적인 이유는 다름이 아니라, 중일전쟁의 교착상태를 타개하고 전쟁에 필수적인 군수자원인 석유, 고무, 식량 등의 자원을 획득하기 위한 전략 목표가 있었기 때문이다. 한마디로 요약하자면 석유 확보에 있었다고 해도 과언이 아니다. 일본은 유전이 없는 나라이고, 석유가 없으면 아무것도 할 수 없는 당시에 미국은 석유에 대한 대일금수(對日禁輸) 조치를 발동한다. 당시 일본으로서는 미국에 굴복하여 타협할 것인가, 아니면 유전이 있는 동남아시아를 확보할 것인가라는 양자 선택의 기로에 서 있었던 것이다.

1941년 12월 8일 일본 육군의 말레이반도 상륙과 하와이 진주만 미해군 태평양함대에 대한 기습공격이 대성공을 거두면서 일본은 이후 6개월간 싱가포르, 필리핀, 인도네시아, 미얀마 등으로 점령지를 확대해 갔다.

하지만 곧 일본은 고전을 면치 못하게 된다. 1942년 6월의 미드웨이해전에서의 패배로 제해권(制海權)을 상실한 일본군은 점차 궁지에 몰리게 되었고, 1943년 과달카날전투에서 완패해 점차 후퇴할 수밖에 없는 상황에 처하게 된다.

이어서 일본은 1944년 7월 사이판 함락, 1945년 6월 오키나와(沖繩)전투의 패배에 이어서 8월 6일과 9일 히로시마와 나가사키에 원폭이 투하되면서 8월 15일 무조건 항복하게 된다.

1941~1945년까지 일본군이 아시아·태평양전쟁에서 자행한 제노사이드 문제를 크게 두 가지로 구분하면, 먼저 일본이 침략해 점령했던 지역에서의 외국인에 대한 제노사이드 문제이다. 다른 하나는 일본이 자국민과 자국 군인 등에게 행했던 제노사이드 문제이다.

일본군이 점령지에서 자행했던 제노사이드 문제는 일본의 각 점령지별

〈자료 16〉 아시아·태평양전쟁 개략도(1941~1945)

로 새로이 검토할 필요가 있다. 지금까지 지적된 바로는 홍콩, 싱가포르 등 일본군 점령지에서 자행한 동남아 주민, 중국인, 화교, 조선인 등 외국인에 대한 제노사이드 관점에서의 비판이 존재한다. 이러한 문제에 대해서는 이 책의 지면 관계 등을 고려하여 이후의 일본군 관련 연구 과제로 돌리고자 한다. 여기서는 우선 일본이 아시아·태평양전쟁에서 일본 국민과 군인에게 자행한 제노사이드 문제로서 오키나와전투와 이오지마(硫黃島)전투를 사례로 들어 그 실태를 파악해보려 한다.

오키나와전투, 일본 국민에 대한 제노사이드

'오키나와전투'는 아시아·태평양전쟁의 말기에 해당되는 1945년 3월 26일에서 6월 23일까지 약 3개월 가까운 기간 동안 미군을 비롯한 연합군과 일본군이 일본의 최남단 오키나와현(沖繩縣)을 무대로 치른 전투를 가리킨다.

본격적인 오키나와전투는 4월 1일 미군 18만 명으로 구성된 상륙부대가 오키나와 본도로 상륙하면서 시작되었다. 이에 대응하는 일본군은 육군 8만 명, 해군 1만 명, 오키나와 현지에서 급거 동원한 의용대 2만 5,000명이었으며, 의용대에는 오키나와 중학교와 사범학교 남자 학생 등 1,600여 명의 학도병이 포함되어 있었다. 그뿐만 아니라 고등여학교와 여자사범학교의 직원 및 여학생들을 히메유리(ひめゆり) 학도대와 시라우메(白梅) 학도대로 편성하여 간호부로서 전쟁에 동원했다.

오키나와전투에서 일본군의 기본 전략은 미군의 일본 본토 상륙을 가능한 한 늦추는 것이었고 이것은 본토 방위 준비를 갖출 시간을 벌기 위한 작전의 일환이었다. 즉, 오키나와 주민들을 바둑에서 말하는 '사석(捨石)'으로 삼아, 오키나와를 전부 희생시키더라도 본토 방위를 위한 시간을 벌겠다는 작전(?)이었다. 그 때문에 오키나와에서는 가능한 한 전투를 지구전(持久戰)으로 끌고 가려고 했고, 이를 위해서 전쟁과는 무관한 오키나와섬 주민들을 전쟁에 끌어들이는 전술을 채택했던 것이다. 참으로 어이없는 만행을 저지른 것이었다.

5월 말에는 일본군 사령부가 슈리(首里)에서 오키나와 남부로 이동하였고, 대다수의 오키나와 주민들도 남부로 이동시켰다. 결국 6월 23일 오키나와 일본군 사령관인 우시지마 미쓰루(牛島滿) 육군 대장이 자결하면서

3개월에 걸친 오키나와에서의 조직적인 저항은 끝나게 된다.

오키나와현의 조사 결과에 의거한 오키나와전투의 희생자는 양측의 군대를 포함해 약 20만 명 이상이었다고 한다. 일본군 군인 약 12만 명,[32] 민간인인 오키나와 주민 약 9만 4,000명이 희생된 것으로 집계되고 있다.

일본군은 오키나와 주민들에게 만약 미군 포로가 되면 미군이 남자는

〈자료 18〉 오키나와 평화기념자료관. 히메유리 학도대 희생자 사진

모두 죽이고 여자는 강간한 뒤에 살해한다는 낭설을 퍼트려 공포심을 조성하면서 주민들에게 '집단 자결'을 강요했다. 일본군의 강요에 의해 벌어진 이러한 '집단 자결' 현상은 오키나와 각지에서 필설로는 설명할 수 없을 정도의 비극을 연출했다.

아시아·태평양전쟁 중 일본제국 본토에서 벌어진 최초이자 유일한 지상 전투로 기록되는 오키나와전투로 인해 오키나와는 히로시마, 나가사키와 함께 일본 국내 최대의 희생지 가운데 하나가 되었다.

여기서 '집단 자결'이라는 개념 용어에 대해서 한번 생각해보려 한다. 제2차 세계대전 말기에 일본 군대는 교전에 의한 전사(戰死)가 아닌 일본 군인의 희생에 대해 전쟁 당시부터 '옥쇄', '자결', '자폭' 등의 용어를 사용했지만 '집단 자결'이란 용어는 사용하지 않았다. '집단 자결'이란 용어는 전쟁 직후 『오키나와 타임스(沖タイムス)』라는 신문사가 오키나와 주민들의

〈자료 19〉 오키나와 평화기념자료관 '평화의 비'

희생을 표현하는 용어로서 '옥쇄'와는 다른 개념으로 사용하기 시작한 용어다. 그렇다면 이 개념을 그대로 받아들이면 오키나와전투 중에 오키나와 사람들은 스스로의 의지에 의해 집단적으로 자결을 선택한 것이라고 설명될 수밖에 없다. 과연 역사적 사실이 그랬을까?

오키나와국제대학교의 이시하라 마사이에(石原昌家) 교수는 '집단 자결'이란 개념에 대해서 다음과 같이 비판하였다. 조금 길지만 인용해본다.

> '집단 자결'이란 용어는 사용해서는 안 된다. 자결이라는 것은 스스로의 의지에 따라 죽었다는 의미이다. 따라서 군인들에게 사용하는 것은 가능할지 몰라도 (중략) 주민들에 대해서는 '집단 자결'이란 용어는 사용할 수 없다. 집단이 목숨을 잃은 실상은 일본군에 의한 강제와 강요, 명령에 의한 것이었으므로 '강제집단사(强制集團死)' 혹은 '강제사(强制死)'라고 그 본질을 표현하지 않는다면 진실을 알 수 없게 되어버릴 것이다.[33]

나는 이 견해에 적극적으로 동감한다. 뒤에 설명하겠지만 일본군은 제2차 세계대전 말기에 전쟁터의 일본 국민과 일본 군인들에게 '집단 자결'을 강요했다. 아니, 살해했다. 이것이야말로 전쟁을 빙자한 제노사이드의 참상을 자행한 것이나 다름없다고 할 수 있다. 즉, 오키나와전투는 전쟁 수행을 빙자하여 군대만이 아니라 전쟁과는 무관한 민간인을 끌어들여 학살을 자행한 제노사이드 사건이라고 할 수 있다. 또 오키나와전투는 비극적인 참상을 연출했던 자살 특공대인 가미가제 특공 작전이 본격적으로 수행되었던 전투이기도 하다. 전쟁의 역사가 우리에게 말하고자 하는 교훈이 무엇인지 한 번 더 생각해봐야 할 지점이다.

이오지마전투, 일본 군인에 대한 제노사이드

한국에서는 흔히 유황도(硫黃島)전투로 잘 알려진 이오지마전투[34]는 아시아·태평양전쟁 말기 일본의 남동해에 위치하는 오가사하라(小笠原)제도의 이오지마에서 벌어진 일본군과 미군의 전투를 말한다. 이 전투는 1945년 2월 19일에서 3월 26일까지 진행되었던 전투이다. 이오지마전투에서 일본군 전사자는 전체 병력 2만 2,786명 중 1만 7,845~1만 8,375명으로 집계되고 있으며 포로는 1,023명으로 알려져 있다. 하지만 이오지마전투가 지금까지 인구에 회자되고 있는 것은 직접적인 전투와는 상관없이 사람들이 무참하게 죽임을 당한 극단적인 사례 때문이라고 생각된다. 이오지마전투는 '옥쇄'[35]라는 미명 아래 자국 군인들을 죽음으로 내몬 극단적인 사례 중 하나이다.

이오지마전투에서 살아남은 독립기관포 제44중대의 스즈키 에이노스케(鈴木栄之助)는 이오지마에서 죽은 일본군 사망자 내역에 대해 다음과 같

〈자료 20〉 이오지마를 점령한 미군. 당시 『라이프』지에 게재된 사진

이 회고하고 있다.[36]

> 적탄으로 전사했다고 생각되는 것은 30% 정도,
> 나머지 70%의 일본 병사는 다음과 같은 비율로 죽었다고 생각한다.
> 60% 자살(주사로 죽여달라고 부탁하여 안락사한 것을 포함)
> 10% 타살(자살을 거부하자, 너희가 포로가 되느니 죽인다는 것 등등)
> 일부 사고사(폭발사, 대전차전투 훈련 도중의 사망 등)[37]

이 비율이 정확한 것인지 확실치는 않으나 자살자, 군의나 위생병에 의해 '처치'된 자, 미군에 투항하려다 아군에 의해 살해된 자가 상당수에 이르는 것은 이오지마전투와 관련한 전기(戰記)가 방증한다. 이 점에 대해서 『오가사하라 병단의 최후(小笠原兵団の最後)』의 편자[대표 편자는 호리에 요시타카(堀江芳孝) 전 소좌]도 "항복을 좋지 않게 생각하여 자살의 길을 택한 수는 (전사자 약 2만 명 중) 1만 명 전후가 될 것이다(군의가 주사로 처치한 것과 본인의 희망으로 처치된 것을 포함)."라고 기록하고 있다.

도대체 전쟁이란 무엇일까? 국가 간의 분쟁을 해결하기 위한 수단으로 무력을 동원해 폭력적인 전쟁을 하는 이유는 상당한 희생을 치르더라도 승리하기 위해서이다. 하지만 전쟁에서 불필요한 희생을 꼭 치를 필요가 있는 것일까?

나는 이오지마전투에서 일본군이 보여준 행태는 자국 군인에 대한 제노사이드였다고 이해할 수밖에 없다. 독자 여러분은 어떻게 생각하실지 궁금하다.

6
제2차 세계대전 시기 일본 군대의 실태와 문제점

제2차 세계대전 말기에 해당되는 아시아·태평양전쟁 와중에 일본 군대에서만 보이는 특이한 현상을 몇 가지 지적할 수 있다. 혹시 '옥쇄(玉碎)'라는 단어를 들어본 적이 있는지 모르겠다. 사전적인 의미로는 '유리구슬이 산산조각 나는 것'을 가리킨다. 하지만 아시아·태평양전쟁 당시 일본 군부에서는 일본군 병사가 전쟁터에서 '명예와 충의를 위해 고결하게 죽는 것'을 중국의 고사(故事)에서 빌려 온 개념인 '옥쇄'라고 칭했던 것이다.

하지만 실상은 어땠을까? 그 실상은 제2차 세계대전에서 일본군이 승리할 수 없는 상태임에도 불구하고 항복을 거부하면서 부대가 전멸할 때까지 전투를 계속하거나 '집단 자결'하는 행위를 '옥쇄'라고 하면서 미화했던 것이다. 앞에서 언급한 오키나와전투와 이오지마전투에서도 들어봤던 '집단 자결'이란 단어가 다시 등장한다.

전쟁 중에는 중국 대륙을 전전한 일본 육군 장교였고, 패전 후에는 저명한 군사사가였던 후지와라 아키라(藤原彰, 일본 육사 55기)는 전장에서의 아사(餓死) 실태를 밝힌 선구적 연구 『굶어 죽은 영령들(餓死した英靈たち)』에서 다음과 같이 쓰고 있다.

전사보다도 전병사(아사)가 많다. 이것이 한 국면의 특수한 상황이 아닌 전장 전체에 걸쳐 발생한 것이 이 전쟁의 특징이고, 무엇보다도 거기에서 일본군의 특질을 볼 수 있다. 비참한 죽음을 강요당한 젊은이들의 무참함을 생각하고, 대량 아사를 초래한 일본군의 책임과 특질을 밝혀 그것을 역사에 남기고 싶다. 대량 아사는 인위적인 것으로 그 책임은 명료하다. 그것을 망자를 대신하여 고발하고자 한다.[38]

『아시아·태평양전쟁』은 후지와라의 이 문제의식을 직접 계승하는 것에서부터 출발하고 있습니다. 그 의미에서 이 책은 나 자신의 은사이기도 했던 후지와라 전 육군 대위에 대한 제 나름의 진혼의 책이기도 합니다. 단 그 경우에 외국인 전쟁 희생자의 존재를 잊어서는 안 될 것입니다. '가해' 실태의 해명은 역사학에서 여전히 중요한 과제입니다. 그럼에도 불구하고 여기서 '피해'의 문제를 고집하는 것은 '피해'와 '가해'의 관계는 중층적으로 겹쳐져 있다고 생각하기 때문입니다.[39]

후지와라 아키라는 위의 연구에서 아시아·태평양전쟁 막바지 시기의 일본군 전사자 비율과 전(병)사의 원인에 대한 분석을 다음과 같이 지적하고 있다.

〈자료 21〉 알류샨 열도에 있는 애투섬의 옥쇄(집단 살해) 현장(당시 미군 촬영)

아시아·태평양전쟁 시기 일본군 전사자 전체 약 230만 명 중에 70%에 해당하는 약 160만 명의 군인들이 1944~1945년에 희생되었습니다. 그리고 그중 70%인 110만 명 이상의 군인들의 사망 원인이 아사(餓死)였습니다.

전쟁을 핑계 삼아 수많은 젊은이들을 전장으로 내몰아 놓고 병참 보급(식량 보급)도 제대로 하지 못해 굶어 죽게 만들었다는 일본의 근대 전쟁의 실상을 어떻게 이해하고 평가해야 할까?

전쟁의 실상이란 이렇게나 다양하게 비극적이고 참혹하고 잔인한 것이다. 우리는 근대 일본의 침략전쟁의 실체를 바라보면서 과연 어떠한 교훈을 얻어야 할지 깊이 생각해봐야 할 것이다.

....
나가며

　서양의 속담에 '역사는 반복된다(History repeats itself)'라는 말이 있다. 나는 역사의 순환성(Historic recurrence)을 부정하지는 않지만 긍정하지도 않는다. 역사가 진보의 방향으로만 나아가거나 현상적으로 순환하는 경향이 있다는 것은 하나의 관점으로서 존재하는 것이지만, 역사의 실상을 돌이켜볼 때 과연 그렇게만 볼 수 있을까? 나는 다만 역사에서 우리는 무엇을 배워야 하는가 하는 화두(話頭)를 손에서 놓아서는 안 된다고 생각하고 있다.

　제국주의 일본에 의해서 자행된 근대의 전쟁에서, 아니 비단 일본이 자행한 침략전쟁만이 아니라 근대의 모든 전쟁에서 전쟁과 제노사이드 문제를 어떻게 연결 지어 분석할 것인가에 대한 방법론적 검토 등이 더욱 필요하다고 생각한다.

　이 책에서는 근대 일본의 침략전쟁과 제노사이드의 상관관계에 대해서 간략하게 언급하는 데 그치고 있지만, 왜 동아시아의 근대 전쟁에서 제노사이드 문제가 돌출하게 되었는가, 특히 제국주의 일본이 자행한 침략전쟁과 제노사이드 문제는 어떻게 설명되어야 할 것인가는 계속해서 연구되어야 한다고 생각한다.

전쟁을 빙자한 국가 폭력인 제노사이드 문제는 제2차 세계대전 이후에도 동아시아에서 전쟁의 유무와 상관없는 제노사이드 현상으로 나타나게 된다. 그 대표적인 사례로 타이완의 2·28사건을 들 수 있다. 1947년 2월 28일 타이베이시에서 발생해 타이완 전체로 확대되었던 사건이다. 이 사건은 이후 국민당 정권의 장기적인 백색테러의 시발점이 되었다. 이 사건으로 인해 희생된 인명은 800~10만 명까지 다양한 추계가 이루어지고 있다. 그리고 타이완에서는 1949년 5월의 새로운 계엄령이 선포되어 1987년에 이르기까지 지속되어 수많은 희생자가 생겨났다. 1992년이 되어서야 타이완 행정원은 사건의 희생자는 1만 8,000~2만 8,000명이라는 추계를 공개했다.

이 책에서는 구체적인 언급을 생략하겠지만, 1948년에 발생한 제주도 4·3사건이나 1950년 한국전쟁 당시 다수의 학살 사건, 또한 1980년 광주 5·18민주화운동도 국가 폭력에 의한 제노사이드 문제라고 지적할 수 있다. 그 밖에도 중국에서 발생한 1989년의 톈안먼사태(天安門事態) 역시 국가 폭력 문제에서 자유로울 수 없다는 점을 지적하고 싶다.

근대국가는 배타적 주권을 유지하는 자주독립국가의 실현을 그 특징으로 하고 있으며, 이를 위해서는 자주국방을 유지할 수 있는 물리적인 힘이 있어야 한다. 각 국가들이 근대적 상비군 체제를 갖추고 있는 근본적인 이유도 여기에 있다. 그런데 왜 군대에 의한 국가 폭력이 끊이지 않는 이유는 과연 무엇일까? 우리는 전쟁의 역사에서 어떠한 교훈을 얻어야 하는 것일까? 이것은 우리 모두가 미래를 위해 화두(話頭)로 삼아야 할 과제라고 생각한다.

미주

1   부마민주항쟁(釜馬民主抗爭, Bu-Ma Democratic Protests)은 1979년 10월 16일부터 10월 20일까지 현재의 부산광역시와 경상남도 창원시에서 박정희 정권 말기의 유신독재체제에 대항해 일어난 시위를 말한다.

2   집단학살의 정확한 정의를 놓고 학자들 사이에 이견이 있으나, 법적인 집단학살의 정의는 1948년 결의안이 채택되고 1951년 발효된 유엔 집단 살해죄의 방지와 처벌에 관한 협약(CPPCG)에서 나온다. 이 협정 2조를 보면 집단학살을 "민족, 종족, 인종, 종교 집단의 전체 혹은 일부를 파괴할 의도로 한 모든 행위를 일컫는다. 구체적으로 집단의 일원을 살해하거나 심각한 육체적·정신적 위해를 가하는 것, 고의적으로 육체적 파멸을 의도한 생활 조건을 강제하는 것, 집단 내 출생을 막는 것, 집단의 아동을 다른 집단으로 강제 이주시키는 것"이다(Office of the High Commissioner for Human Rights. Convention on the Prevention and Punishment of the Crime of Genocide).

3   마크 프리드먼, 한진여 역, 2015, 『제노사이드, 집단학살은 왜 반복될까?』, 내 인생의 책.

4   添谷育志, 2011, 「大量虐殺ジェノサイドの語源学―あるいは命名の政治学」, 『明治大学法学研究』 90.

5   청일전쟁기 랴오둥반도의 여순(旅順) 학살 사건에 대한 참고문헌으로는 참고문헌 3 참조.

6   일본에서 출판된 책은 한일 역사학자의 공동 저서로서 中塚 明, 井上勝生, 朴孟洙 著, 2013, 『東学農民戦争と日本―もう一つの日清戦争』, 高文研에서 간행되었다. 한국어 번역본은 2014년에 출판사 모시는 사람들에서 간행되었다.

7   강효숙, 2009, 「청일전쟁기 일본군의 조선 민중 탄압: 일본군의 '비합법성'을 중심으로」, 황현종 외 공저, 『청일전쟁기 한중일 삼국의 상호 전략』, 동북아역사재단; 강효숙, 2014, 「동학농민전쟁과 일본군」, 『역사연구』 27, 역사학연구소 등 참조.

8   유명한 주권선과 이익선의 논리는 1890년 3월 당시 일본 총리였던 야마가타 아리토모(山

縣有朋)의 의견서인 「외교정략론」에서 주장된 것인데, 이는 1888년 야마가타가 유럽을 방문했을 때 만났던 로렌츠 폰 슈타인 빈 대학 정치경제학부 교수의 "주권강역(主權疆域)"과 "이익강역(利益疆域)"을 강조했던 '국방론'의 영향을 받은 것이다. 슈타인은 메이지헌법 기초 과정에서 이토 히로부미에게 영향을 미쳤던 인물로도 알려져 있다. 슈타인은 서구 열강에 의한 조선의 중립 보장은 일본 입장에서 보면 타당하지만 조선이 타국의 영향권 아래 들어간다면 일본에게 매우 불리할 것이라는 의견을 제시하였고 이러한 논리는 당시의 일본 정치 지도자들의 대조선 정책을 형성하는 데 큰 영향을 미쳤음을 그 후의 경과에서도 잘 알 수 있다(加藤陽子, 2002, 『戰爭の日本近現代史』, 講談社, 81~97쪽 참조).

9 민당(民黨)이란 용어는 메이지 시대 일본에서 자유민권운동을 주도하던 자유당과 입헌개진당 등 민권파 각 당의 총칭이다. '민중 대표 정당'이라는 의미로 1920년대까지도 사용되었다.

10 병참(兵站, Military Logistics)은 전쟁 수행 시 전방과 후방으로 구분해볼 때 후방에서 군대의 모든 활동, 기관, 제 시설 등을 총칭하는 것으로서, 전투부대의 이동과 지원을 계획하고 이를 실시하는 것을 의미하는 용어이다. 예를 들어 전투부대가 필요로 하는 물자의 배급과 정비, 군대의 전개와 위생, 시설 구축과 유지 등이 포함된 개념이다.

11 후쿠자와 유키치(福澤諭吉, 1835~1901)는 막부 말, 메이지 시기의 일본의 계몽사상가이자 교육자로서 일본의 게이오(慶應)대학교 설립자이기도 하다. 한국에서의 개화기 일본의 대표적인 친한파 지식인으로 알려져 있으며 유길준이나 급진 개화파 김옥균과의 친분이 두터웠던 것으로 유명하지만, 그의 실상은 중국을 대신해서 일본이 아시아의 맹주가 되어야 한다는 '대아시아주의'의 이론가로서 조선을 일본에 편입시키려는 사상을 가진 인물이었다고 평가해야 할 것이다.

12 이승희, 2008, 「한말 의병탄압과 주한일본군 헌병대의 역할」, 『한국독립운동사연구』 30 참조.

13 朝鮮駐箚軍司令部 編, 『朝鮮暴徒討伐誌』, 1913年 3月 30日.

14 앞의 『朝鮮暴徒討伐誌』 참조.

15 F. A.マッケンジー, 渡部學 譯, 1972, 『朝鮮の悲劇』, 平凡社, 207쪽.

16 경신참변 혹은 간도참변에 대한 일본 측 연구 및 자료로서는 참고문헌 항목 4 참조.

17 예를 들면, 구미 열강이 유럽에서의 전쟁에 몰두하고 있던 1915년에 중국 정부에 '21개조

요구'를 강요하여 칭다오 점령지를 확보하였고, 여순, 대련의 관동주 조차권, 남만주 철도 조차권 및 안봉(安奉) 철도 조차권을 영구히 일본의 소유로 확보하는 등 중국에 대한 침략을 가속화했다.

18 체코군단은 유럽에서 1914년 제1차 세계대전이 발생하자 식민지 종주국이었던 오스트리아·헝가리제국의 외인 의용군으로 처음에는 독일, 오스트리아 등 협상국의 병력으로 참전했지만, 이들은 총부리를 돌려 러시아 등 동맹국에 협력하는 외인 의용부대로 변신하여 러시아혁명 시기에는 6만~8만 명의 병력을 보유하고 있었다. 하지만 러시아가 혁명 직후 독일 등과 휴전조약을 체결하면서 독일과 싸우려던 체코군단은 러시아에서 고립되었고, 유럽의 서부전선에 참전하기 위해 적백내전으로 혼란을 겪고 있던 러시아를 탈출하려고 9,000킬로미터가 넘는 시베리아철도를 이용해 블라디보스토크로 이동해 뱃길로 유럽 전선으로 이동한다는 엄청난(?) 여정을 선택하게 되었다.

19 이른바 '시베리아 출병(러시아혁명 간섭 전쟁)'은 1918년부터 1922년까지 제1차 세계대전 당시의 영국, 일본, 미국 등의 연합국이 '혁명군의 포로가 된 체코군단을 구출하자'는 명목으로 시베리아에 공동 출병한 사건을 말한다. 실질적으로는 러시아혁명 간섭 전쟁이라고 할 수 있다. 그런데 여기서 대다수의 병력을 파견한 국가는 다름 아닌 일본이었다. 일본군은 1918년 8월 블라디보스토크에 상륙한 이래로 연인원 7만 3,000명의 군대를 파견하였고, 하바롭스크 등 동부 시베리아 요충지를 점령했지만 결국 소비에트 적군의 반발로 인해 아무런 성과를 거두지 못하고 실패로 끝났다. 최종적으로 1922년에 일본군이 마지막으로 철수하게 되었으며 일본군은 사상자 3,500명 이상, 10억 엔의 전쟁 비용을 사용하였지만 아무런 성과(?)를 얻지 못했고, 그 후 미일 관계의 악화, 소련과의 국교 회복에 장애가 되었다고 평가되고 있다.

20 간도 대학살에 대한 한국 측의 선행 연구는 참고문헌 항목 5 참조.

21 훈춘사건은 1920년 9월 12일 일본 영사관 분관이 설치되어 있던 훈춘 시가지를 무장집단이 습격한 사건이 1차 사건이며, 이어서 10월 2일 이른바 '마적' 집단이 다시 일본 영사관을 습격한 사건이 2차 사건이다. 훈춘사건의 실상에 대해서는 일본군이 중국인 '마적'들과 모의하여 벌인 자작극이라는 설이 한국 측 선행 연구에서 일반적이었는데, 최근의 연구에서는 무장집단 중에는 조선인도 있었다는 설도 있으며, 중국인 등으로 구성된 무장집단이 주체적으로 습격했다는 설도 있어서 앞으로 신뢰할 만한 자료에 근거한 구체적인 연구가 이루어져야 할 것으로 보인다.

22　第十九師団司令部, 1972, 「間島事件鮮支人死傷者調」, 姜德相 編, 『現代史資料(28) 朝鮮(4)』, みすず書房, 520~540쪽 참조. 이 인용 내용은 제1차 한일역사공동위원회의 일본 측 보고서인 토베 료이치(戶部良一), 「朝鮮駐屯日本軍の実像; 治安·防衛·帝国」, 396쪽 참조.

23　김주용, 2020, 「제국주의 일본군의 간도침략과 한인 학살: 은폐와 통제」, 원광대 HK+동북아시아 인문사회연구소 제4차 국제학술회 자료집, 원광대학교 참조.

24　난징 대학살에 관한 일본 측의 연구 문헌으로는 참고문헌 항목 6 참조.

25　중일전쟁은 1937년 7월 7일에 발발하여 1945년 9월 2일 일본이 항복하면서 끝난 중국과 일본과의 전쟁이다. 1941년 태평양전쟁으로 확대되면서 중국 전선을 포함하여 아시아·태평양전쟁이라는 개념으로 이해하는 것이 타당하다. 중일전쟁이 발발하자 일본에서는 처음에는 전쟁이라고 명명하지 않고 지나사변(支那事變)이라고 칭하다가 이후에 일중전쟁(日中戰爭)이라고 했다. 중국에서는 중국항일전쟁으로 부르고 있으며, 서양에서는 제2차 중일전쟁(Second Sino-Japanese War)이라고 하고 있다.

26　상하이(上海)사변은 만주사변 당시의 1932년 1월에 발생한 전투를 제1차 상하이사변(1932년 1월 28일~3월 3일)이라고 부르고, 중일전쟁 당시 1938년 8월에 벌어진 전투를 제2차 상하이사변(1938년 8월 13일~11월 12일)이라고 구분하고 있다.

27　군부는 당시 일본의 육군, 해군의 모든 기관(機關)의 총칭으로서 특히 정부에 대해 상대적으로 독자성을 지닌 군 상층부의 정치 세력을 의미한다. 근대 일본의 메이지 헌법 체제에서 군통수권의 독립(천황의 군통수권)과 군부대신 현역무관제(현역 육해군 대장을 대신으로 임명하는 제도)를 취하고 있었기 때문에 군부의 정부 내에서의 독립성이 상대적으로 강했다고 할 수 있다.

28　마쓰이 이와네(松井石根, 1878~1948), 일본 육군 군인. 최종 계급은 육군 대장. 일본 육사 제9기이며 육군대학교 제18기에 해당한다. 러일전쟁에 종군했고 이후 육군참모본부에 소속되어 중국 주재 근무도 도합 2년 8개월에 이르는 육군 내의 중국통의 일원이었다. 1933년에 대장으로 승진했고, 1935년에 예비역에 편입되었다. 그의 주요 이력은 보병 제29연대장, 블라디보스토크 파견군 참모, 하얼빈 특무기관장, 참모본부 제2부장, 제11사단장, 타이완 사령관 등을 역임했다. 1937년 중일전쟁이 일어나자 현역으로 복귀해 8월에 상하이 파견 군사령관, 10월에 중부중국방면군 사령관이 되었으며 12월 난징공략전을 수행하고 나서 1938년 3월에 귀국했다. 일본 패전 후, 도쿄 극동국제군사재판에서 난징

점령 당시 대학살 사건의 책임자로 지목되어 1946년 12월 23일 사형에 처해졌다.

29 당시 난징에서의 일본군에 의한 살인, 상해, 약탈, 간강 등의 범위 행위를 "난징의 학살(Najing atrocities)"이란 제목으로 보도한 외국 언론으로는, 『시카고 데일리 뉴스(Chicago Daily News)』(1937년 12월 15일 자), 『뉴욕타임스(The New York Times)』(1937년 12월 18·19일 자), 『타임스(The Times)』(1937년 12월 20일 자), 『라이프(LIFE)』(1월, 5월 특집) 등이 있다.

30 난징 대학살(南京大虐殺): 현재 중국 난징시 교외의 학살 장소에는 '침화일군 남경대도살 우난동포기념관(侵華日軍南京大屠殺遇難同胞紀念館)'(1985년 8월 15일 개관)이 세워져 있고 유골과 유품, 당시의 사진 등을 전시하고 있다. 중국 측은 전투에 의한 희생자를 포함해 무고한 시민과 무기를 버린 병사 등 30만 명 이상이 일본군에 의해 학살되었다고 밝히고 있지만, 일본에서는 난징 학살이 중국이 꾸며낸 허구라고 하는 주장도 상당히 유포되어 있다. 이영·서민교, 2015, 『일본근세근현대사』, 방송통신대출판부 참조.

31 요시다 유타카, 「왜 전쟁의 시작(開戰)을 막을 수 없었던가?」, 이와나미신서 편집부, 서민교 역, 2015, 『일본근현대사를 어떻게 볼 것인가?』, 어문학사 참조.

32 그중에 오키나와가 아닌 일본의 다른 곳 출신 군인이 약 6만 6,000명, 오키나와 출신 군인이 약 2만 8,000명, 미군 등 연합군 약 1만 2,500명이 전사했다.

33 『沖縄タイムズ』 2005年 7月 3日, 朝刊 26面. 〈集団自決〉を考える(19) 識者に聞く(2) 石原昌家沖国大教授,「住民には当てはまらぬ実体ゆがめる教科書」참조.

34 이오지마 전투(硫黄島の戦い, Battle of Iwo jima)는 1945년 2월 19일부터 3월 26일에 걸쳐 벌어진 미군과 일본군 간의 전투를 말한다. 태평양전쟁에서의 여러 전투 중 가장 참혹하고 비극적인 전투의 하나로 기억되고 있다. 당시 양군의 피해 규모를 보면 미군이 전사 6,821명, 중경상 2만 129명, 실종 494명인 데 비해 일본군의 경우는 전사 1만 7,514명, 중경상 1,223명, 포로 216명으로 집계되고 있다. 일본군의 전사자와 중경상자의 비율이 미군의 그것과 비교해 볼 때 극단적으로 역전되어 나타나고 있는 특징을 잘 알 수 있다.

35 6장의 '옥쇄'에 대한 설명 참조.

36 小笠原戦友会編, 1969, 『小笠原兵団の最後』, 原書房.

37 이와나미 편집부, 서민교 역, 2013, 『일본근현대사를 어떻게 볼 것인가』, 어문학사, 165쪽.

38 藤原彰, 2001, 『餓死した英霊たち』, 青木書店.

39 요시다 유타카, 「왜 전쟁의 시작(開戰)을 막을 수 없었던가?」, 이와나미신서 편집부, 서민교 역, 2015, 『일본근현대사를 어떻게 볼 것인가?』, 어문학사, 169쪽.

참고문헌

1. 단행본

- 마크 프리드먼, 한진여 역, 2015, 『제노사이드, 집단학살은 왜 반복될까?』, 내 인생의 책.
- 이영·서민교, 2015, 『일본근세근현대사』, 방송통신대출판부.
- 임종국, 1989·1990, 『일본군의 조선침략사』 1·2, 일월서각.
- 加藤陽子, 2002, 『戦争の日本近現代史』, 講談社.
- 藤原彰, 2001, 『餓死した英霊たち』, 青木書店.
- 小笠原戦友会編, 1969, 『小笠原兵団の最後』, 原書房.
- 中塚明·井上勝生·朴孟洙, 2013, 『東学農民戦争と日本 – もう一つの日清戦争』, 高文研.
- 戸部良一, 2005, 「朝鮮駐屯日本軍の実像: 治安·防衛·帝国」, 日韓歴史共同研究委員会 編, 『日韓歴史共同研究報告書』 第3分科篇 下巻, 日韓歴史共同研究委員会.

2. 논문

- 강효숙, 2009, 「청일전쟁기 일본군의 조선 민중 탄압 – 일본군의 '비합법성'을 중심으로」, 왕현종 외 공저, 『청일전쟁기 한중일 삼국의 상호 전략』, 동북아역사재단.
- 요시다 유타카, 「왜 전쟁의 시작(開戰)을 막을 수 없었던가?」, 이와나미신서 편집부, 서민교 역, 2015, 『일본근현대사를 어떻게 볼 것인가?』, 어문학사.
- 이승희, 2008, 「한말 의병탄압과 주한일본군 헌병대의 역할」, 『한국독립운동사연구』 30.
- 第十九師団司令部, 1972, 「間島事件鮮支人死傷者調」, 姜德相 編, 『現代史資料(28) 朝鮮(4)』, みすず書房.
- 添谷育志, 2011, 「大量虐殺ジェノサイドの語源学 – あるいは命名の政治学」, 『明治大学法学研究』 90.

3. 청일전쟁기 랴오둥반도의 여순(旅順) 학살 사건에 대한 참고문헌

- Allan, James, 1898, *Under the Dragon Flag: My Experiences in the Chino-Japanese War*, New York: Frederick A. Stokes Company Publishers.
- De Guerville, A. B., 1895, "In Defense of Japan. The Alleged Atrocities at Port Arthur Denied," *Leslie's Weekly*, 3 January.
- De Guerville, A. B., 1904, *Au Japon*, Paris: Alphonse Lemerre.
- De Guerville, A. B., 2009, *Au Japon: The Memoirs of a Foreign Correspondent in Japan, Korea, and China, 1892-1894* (translated and with an introduction by Daniel C. Kane). West Lafayette, IN: Parlor Press.
- Dorwart, Jeffrey M., 1973, "James Creelman, the New York World and the Port Arthur Massacre," *Journalism Quarterly* 50(4).
- Kane, Daniel. C., 2005(Spring), "Each of Us in His Own Way: Factors Behind Conflicting Accounts of the Massacre at Port Arthur," *Journalism History* 31(1).
- Villiers, Frederic, 1895, "The Truth about Port Arthur", *The North American Review* 160(460).
- 有賀長雄, 1986, *La Guerre Sino-Japonaise au point de vue du droit international*, Paris(일본 제목『日清戦役国際法論』).
- デュラン・れい子, 2015,『外国語には訳せない うつくしい日本の言葉』, あさ出版.
- 磯見辰典・黒沢文貴・桜井良樹, 1989,『日本・ベルギー関係史』, 白水社.
- 大江志乃夫, 1998,『東アジア史としての日清戦争』, 立風書房.
- 大谷正, 1994,『近代日本の対外宣伝』, 研文社.
- 藤村道生, 1979,『日清戦争』, 岩波書店.
- 陸奥宗光, 中塚明 校注, 1983,『蹇蹇録-日清戦争外交秘録』, 岩波書店.
- 原田敬一, 2008,『日清戦争』, 吉川弘文館.
- 一之瀬俊也, 2007,『旅順と南京-日中五十年戦争の起源-』, 文藝春秋.
- 占部賢志, 2014,『私の日本史教室』, 明成社.

- 井上晴樹, 1995, 『旅順虐殺事件』, 筑摩書房.
- 秦郁彦, 1997, 「旅順虐殺事件 – 南京虐殺と対比しつつ」, 『日清戦争と東アジア世界の変容』下巻, ゆまに書房.
- 参謀本部 編, 1907, 『明治二十七八年日清戦史』第3巻, 東京印刷.

4. 간도 학살 사건 일본 측 연구 참고문헌
- アジア歴史資料センタ – Ref: C06031229300 「琿春事件に就て」 등.
- 大畑篤四郎, 1993, 「間島出兵」, 『日本史大事典』 2, 平凡社.
- 並木真人, 2000, 「間島事件」, 『日本歴史大事典』 1, 小学館.
- 宇野重昭, 1983, 「間島事件」, 『国史大辞典』 3, 吉川弘文館.

5. 간도 대학살에 대한 한국 측의 선행 연구
- 김연옥, 2019, 「일본군의 간도출병 전략과 실태」, 『일본역사연구』 50, 일본사학회.
- 김연옥, 2020, 「1920년 북간도 장암촌 학살 재검토」, 『일본학』 52, 동국대학교 일본연구소.
- 김연옥, 2020, 「간도출병사를 통해 본 1920년 강안수비대의 활동」, 『한국독립운동사연구』 72, 독립기념관 독립운동사연구소.
- 김주용, 2020, 「제국주의 일본군의 간도침략과 한인 학살: 은폐와 통제」, 원광대 HK+동북아시아인문사회연구소 제4차 국제학술회의 자료집.
- 김춘선, 2000, 「경신참변 연구」, 『한국사연구』 111, 한국사연구회.
- 조동걸, 1998, 「1920년 간도참변의 실상」, 『역사비평』 45, 역사비평사.
- 조원기, 2012, 「일제의 만주침략과 간도참변」, 『한국독립운동사연구』 41, 한국독립운동사연구소.

6. 난징 대학살에 관한 일본 측 연구 문헌
- 南京戦史編集委員会, 1993, 『南京戦史 増補改訂版』, 偕行社.
- 笠原十九司, 1997, 『南京事件』, 岩波書店.

- 笠原十九司, 2007, 『南京事件論争史 – 日本人は史実をどう認識してきたか』, 平凡社.
- 防衛庁防衛研修所戦史室, 1975, 『戦史叢書 支那事変陸軍作戦』1, 朝雲新聞社.
- 日暮吉延, 2002, 『東京裁判の国際関係 – 国際政治における権力と規範』, 木鐸社.
- 日暮吉延, 2008, 『東京裁判』, 講談社.
- 秦郁彦, 1986, 『南京事件 –「虐殺」の構造』, 中央公論社.
- 秦郁彦, 2007, 『南京事件 –「虐殺」の構造(増補版)』, 中央公論社.

찾아보기

• ㄱ •

간도 대학살 사건 28, 30, 33
간도특설대 33
갑오농민봉기 19
강제동원 2
강제사(强制死) 56
강제집단사(强制集團死) 56
경신참변(간도참변) 33
고노에 후미마로(近衛文麿) 36
광주민주화운동 10
국공합작 35, 38
국민정부 38, 39
국제교전법 37
국제법 22, 41, 42, 45
극동국제군사재판 43, 44

• ㄴ •

나가사키 51, 55
나카지마 게사고(中島 今朝吾) 40
난징 대학살 사건 16, 34, 35, 43
농민 전쟁 24

• ㄷ •

대일금수(對日禁輸) 51
대한민국임시정부 30
독립신문 31
동원 2
동학농민 17, 18, 21

• ㄹ •

라파엘 렘킨(Raphael Lemkin) 12
러시아혁명 간섭 전쟁 32
루거우차오 사건 35

• ㅁ •

마쓰이 이와네(松井) 40
메이지유신 19
미국 중립법 37
미드웨이해전 51

• ㅂ •

백색테러 64

부마민주항쟁   10

• ㅅ •

4·3사건   64
사이판   51
3·1 독립운동   28
상하이사변   38
소비에트연방공화국(소련)   29
스즈키 에이노스케(鈴木栄之助)   57
시라우메(白梅) 학도대   53
시베리아 출병   30, 31, 32
시안사건(西安事件)   35

• ㅇ •

아시아·태평양전쟁   33, 47, 48, 51,
   52, 55, 57, 60, 62
5·18 민주화운동   64
오키나와(沖縄)전투   51, 52, 53, 54,
   56, 60
옥쇄(玉碎)   55, 57, 60
우금치전투   18
우시지마 미쓰루(牛島満)   53
우크라이나 침공   9
유황도(硫黄島)전투   57
을사의병   23
의병 전쟁   24
이스라엘   9
2·28사건   64

이시하라 마사이에(石原昌家)   56
이오지마(硫黄島)전투   52, 57, 59, 60
일미국력조견표(日米國力調見表)』   48

• ㅈ •

장제스   39
정미의병   23
제1차 세계대전   28, 29, 30, 32
제2차 세계대전   43, 55, 57, 60, 64
제임스 크릴먼(James Creelman)   14
제정 러시아   29
조선의 비극(The Tragedy of Korea)   26
조선폭도토벌지(朝鮮暴徒討伐誌)   25
중일전쟁   16, 32, 33, 34, 36, 37, 38,
   48, 50
집단 살해   9, 13
집단 자결   55, 60

• ㅊ •

청산리전투   28, 30, 32
청일전쟁   14, 17, 18, 19, 21, 22
체코슬로바키아군단   29

• ㅌ •

태평양전쟁   48
톈안먼사태(天安門事態)   64
토머스 카원(Tomas Cowan)   14

• ㅍ •

팔레스타인 9
프레더릭 빌리어스(Frederic Villiers) 14
프레더릭 A. 매켄지 26

• ㅎ •

한국독립군 28
후지와라 아키라(藤原彰) 61
후쿠자와 유키치(福澤諭吉) 20
훈춘(琿春)사건 30
히로시마 51, 55
히로타 코키(広田弘毅) 43
히메유리(ひめゆり) 학도대 53

일제침탈사 바로알기 23
근대 일본의 침략전쟁과 제노사이드

초판 1쇄 발행 2023년 12월 27일

지은이 서민교
펴낸이 이영호
펴낸곳 동북아역사재단

등 록 제312-2004-050호(2004년 10월 18일)
주 소 서울시 서대문구 통일로 81 NH농협생명빌딩
전 화 02-2012-6065
홈페이지 www.nahf.or.kr
제작·인쇄 역사공간

ISBN 979-11-7161-031-0 04910
    978-89-6187-482-3 (세트)

• 이 책은 저작권법에 의해 보호를 받는 저작물이므로 어떤 형태나 어떤 방법으로도 무단전재와 무단복제를 금합니다.
• 책값은 뒤표지에 있습니다. 잘못된 책은 바꾸어 드립니다.